高职高专"十二五"规划教材
21世纪高职高专能力本位型系列规划教材·财务会计系列

审计业务实训教程

涂申清　编著

北京大学出版社
PEKING UNIVERSITY PRESS

内 容 简 介

本书依据《中华人民共和国注册会计师法》《中国注册会计师执业准则》《中国注册会计师职业道德守则》及相关法律、法规，采用最新的风险基础审计方法和相关知识，结合审计业务的工作内容和流程，设计了两大实训项目：财务报表审计实训和验资业务实训。财务报表审计实训分为承接审计业务、制订审计策略和计划、业务循环审计、特殊项目审计、审计复核与沟通、出具审计报告、整理审计底稿七个实训任务；验资业务实训分为首次出资验资和非首次出资验资两个实训任务。本书操作内容完整，流程清晰，并配备参考答案，有利于培养学生动手能力和职业判断能力。

本书是《审计实务》的配套用书，可作为高职高专财务会计、审计专业的实训教材，也可作为中小会计师事务所、在职会计人员和审计人员进行业务培训的学习参考书。

图书在版编目（CIP）数据

审计业务实训教程/涂申清编著.—北京：北京大学出版社，2016.4
（21世纪高职高专能力本位型系列规划教材·财务会计系列）
ISBN 978-7-301-18480-6

Ⅰ.①审… Ⅱ.①涂… Ⅲ.①审计学—高等职业教育—教材 Ⅳ.①F239.0

中国版本图书馆CIP数据核字（2016）第061823号

书　　名	审计业务实训教程 Shenji Yewu Shixun Jiaocheng
著作责任者	涂申清　编著
策划编辑	蔡华兵
责任编辑	蔡华兵
标准书号	ISBN 978-7-301-18480-6
出版发行	北京大学出版社
地　　址	北京市海淀区成府路205号　100871
网　　址	http://www.pup.cn　新浪微博：@北京大学出版社
电子信箱	pup_6@163.com
电　　话	邮购部 62752015　发行部 62750672　编辑部 62750667
印 刷 者	北京鑫海金澳胶印有限公司
经 销 者	新华书店
	787毫米×1092毫米　16开本　15.75印张　372千字 2016年4月第1版　2016年4月第1次印刷
定　　价	36.00元

未经许可，不得以任何方式复制或抄袭本书之部分或全部内容。
版权所有，侵权必究
举报电话：010-62752024　电子信箱：fd@pup.pku.edu.cn
图书如有印装质量问题，请与出版部联系，电话：010-62756370

前　　言

　　加强技能训练是高职高专院校培养学生实操能力，提升社会适应能力的途径之一。因此，实训课程教学既要求学生掌握课程基本理论知识，又要求熟悉其适用领域、业务规程和操作要点。

　　本书通过对审计业务的强化训练，可以培养学生的社会审计操作能力和职业素养，增强其社会适用能力和后续发展能力。

关于本课程

　　审计实务课程是高职高专会计和审计专业学生必修的一门专业核心课程，以社会审计的法定业务——财务报表审计和验资业务为教学内容。本课程在设计时，一般配备操作任务，要求学生在掌握相关知识后进行操作训练，及时巩固所学知识，因此，符合"教、学、做"合一的课程教学理念。

　　审计业务实训是审计实务课程的技能强化训练课程，可作为独立的实训课程，以会计师事务所承接的财务报表审计和验资业务为载体，按照业务的操作流程和操作要点设计实训任务，形成实训教学内容，用以强化审计业务技能、培养职业素养，可根据专业需要灵活安排教学。

关于本书

　　本书是审计实务课程实训教材，可配合主教材《审计实务》（ISBN 978-7-301-25971-9）使用。本书以实训为主，内容包括两大部分：一是财务报表审计实训，二是验资业务实训。

　　财务报表审计实训以某会计师事务所承接的一个审计业务为载体，按承接审计业务、制订审计策略和计划、业务循环审计、特殊项目审计、审计复核与沟通、出具审计报告、整理审计底稿设计七个实训任务来开展实训活动，以强化财务报表审计的技能和职业素养。

　　验资业务实训以某会计师事务所承接的一个外商投资分期出资时的验资业务为载体，按首次出资验资和非首次出资验资设计两个实训任务来开展实训活动，以强化验资业务的技能和职业素养。

　　本书是在《审计业务操作全程实训教程》的基础上修订的，进一步明确了实训任务的内容和技能点，并调整了财务年度报告的细节内容和部分实训的流程次序。本书中所涉及会计师事务所工作人员、企业名称及企业内部工作人员均为虚构，如有雷同，纯属偶然。本书还对实训任务均配备的参考答案进行了梳理，便于学生在实训时参考使用。

如何使用本书

　　本书内容可按照 30 学时安排，推荐学时分配为：财务报表审计实训项目的 7 个任务安排 24 学时，验资业务实训项目的两个实训任务安排 6 学时，具体见下表。

项 目			时间安排	项 目		时间安排
财务报表审计实训	1. 熟悉背景资料、承接审计业务实训		3学时	验资业务实训	首次出资验资业务实训	6学时
	2. 制订总体策略和具体计划实训		3学时			
	3. 主要业务循环审计实训	货币资金业务、销售与收款循环业务审计实训（王勤）	9学时		非首次出资验资业务实训	
		采购与付款业务循环业务（李缘）、筹资与投资业务循环审计实训（吴立至）				
		存货与成本业务循环审计实训（吴立至）				
	4. 特殊项目审计实训、审计整理实训		3学时			
	5. 复核与沟通、出具审计报告、审计底稿整理实训		6学时			
合　计			24学时	合　计		6学时

说明：在实施时可以根据进度适时调整。

本书内容包含实训资料和操作底稿，对实训场地的要求比较灵活，一般能在教室中实施实训教学。同时，本书的实训内容基本与审计实务课程保持一致，在教室进行实训时，既可以与教学内容同步进行，也可在审计实务课程全部上完后集中实训。

本书中审计业务按全过程的不同阶段分步实施实训活动，与社会审计业务的工作过程和操作流程基本保持一致，因此，可作为中小会计事务所、在职会计人员、审计人员的参考用书。

本书由黄冈职业技术学院涂申清编著。本书在编写过程中，得到了黄冈职业技术学院的领导和同事的支持和帮助，也得到了湖北齐兴会计师事务有限公司董事长漆兰英，黄冈信源资产评估有限公司董事长毕根源等有关专家的大力支持和帮助，同时还参考了相关专家和老师的文献资料。在此，谨对他们一并表示感谢！

由于编著者水平有限，编写时间仓促，书中难免存在不妥之处，敬请广大读者批评指正。您的宝贵意见请反馈到电子信箱 sywat716@126.com。

编著者
2015 年 10 月

目　　录

项目1　财务报表审计实训 1

1.1　实训任务1——承接年报审计业务 1
1.1.1　承接年报审计业务的相关资料 2
1.1.2　承接年报审计业务的实训操作 7

1.2　实训任务2——制订审计总体策略和具体计划 12
1.2.1　制订审计总体策略和具体计划的相关资料 12
1.2.2　制订审计总体策略和具体计划的实训操作 13

1.3　实训任务3——主要业务循环审计 23
1.3.1　货币资金控制测试及相关报表项目审计 24
1.3.2　销售与收款业务循环审计 34
1.3.3　采购与付款业务循环审计 59
1.3.4　存货与成本业务循环审计 87
1.3.5　筹资与投资业务循环审计 99

1.4　实训任务4——特殊项目审计 120
1.4.1　关联方及关联方交易事项 120
1.4.2　期初余额审计 120
1.4.3　期后事项审计 120
1.4.4　或有事项审计 120
1.4.5　持续经营能力审计 120
1.4.6　获取管理当局声明书 123

1.5　实训任务5——审计复核与沟通 124
1.5.1　审计差异调整表 124
1.5.2　试算平衡表 127
1.5.3　现金流量表审计 129
1.5.4　所有者权益变动表审计 133
1.5.5　重要审计事项完成核对表 136
1.5.6　二级和三级复核 137

1.6　实训任务6——出具审计报告 140

1.7　实训任务7——整理审计底稿 148

项目 2 验资业务实训 150

2.1 验资业务实训资料 150
2.2 验资业务实训业务 152
2.2.1 首次出资验资业务实训 152
2.2.2 非首次出资验资业务实训 158

附录 1 财务报表审计实训参考答案 163

附录 2 验资业务实训参考答案 237

参考文献 247

项目 1

财务报表审计实训

 1.1 实训任务1——承接年报审计业务

实训内容	技 能 点
了解会计师事务所及其质量控制制度	（1）把握会计师事务所质量控制风险 （2）判断职业道德方面是否存在风险，特别是专业胜任能力和独立性 （3）填制初步业务风险评价表的相关内容
开展初步业务活动，分析判断客户诚信	（1）理解客户委托的审计事项 （2）了解客户所在行业及其风险因素 （3）了解客户的业务运行情况 （4）了解客户的主要财务政策 （5）填制初步业务活动的相关底稿
签订审计业务约定书	（1）确定是否承接审计业务 （2）掌握审计业务约定书的构成要素 （3）与客户充分沟通审计业务约定书的内容 （4）签订审计业务约定书

1.1.1 承接年报审计业务的相关资料

1. 会计师事务所简介

××会计师事务所是一家拥有10名执业注册会计师的小型会计师事务所,成立于2006年,注册资本为30万元。经营范围为:审查企业会计报表,出具审计报告;验证企业资本,出具验资报告;办理企业合并、分立、清算事宜中的审计业务,出具有关报告;代理记账;会计咨询、税务咨询、管理咨询;法律、法规规定的其他服务。主任会计师涂定康为事务所的法人代表、董事长兼总经理;副主任注册会计师兼副总经理两名,分别是吴立至、孙望,他们分别负责审计业务一部、审计业务二部事务。事务所还设有会计咨询部、税务代理咨询部、业务发展部,分别从事代理账务、税务代理、业务拓展事宜。除注册会计师外,该所另有注册税务师3名,会计师6人,其他助理人员6名。

为了保证业务质量,该所建立了三级复核机制,业务负责人对其助理人员所做工作进行复核并负责,部门经理对业务负责人的业务质量进行二级复核,主任会计师或其他副主任会计师进行三级复核。如部门经理与业务负责人同为一人,则二级复核由其他部门经理承担,三级复核由主任会计师承担。一份鉴证报告必须经过三级复核方可签发。

事务所要求所有参与执业的人员严格遵守审计准则和注册会计师职业道德的规定,识别和防范审计风险,以质量求生存,坚决杜绝低价竞争现象。

该所自成立以来,在从事鉴证业务过程中,遵守执业准则和职业道德守则,没有发生服务质量问题;业务不断扩大,从最初的单纯依靠年报审计和验资业务取得收入,到代理记账、税务代理等,其他服务业务的比重越来越大,收入结构更趋合理;人员越来越多,从开始的5名员工到现在的25名员工。

2. 被审计单位情况

2015年2月22日有以前客户——美居建材有限公司要求事务所为其进行年报审计,之前3年均是审计业务二部对其进行审计,均出具了无保留意见的审计报告。出于独立性方面的考虑,该公司今年的年报审计改由审计业务一部进行。该客户(被审计单位)的情况如下:

美居建材有限公司成立于2003年,在××市工商行政管理局注册登记。注册资本最初为500万元,到2007年增资后达到1 000万元。查阅公司营业执照,登记日为2007年1月1日,经营期限为20年,性质为有限责任公司。股东为自然人涂实、程为、杨文、孙起、吴安,涂实是第一大股东,占股比例为60%,入股资金为600万元,其他股东入股比例均为10%,各出资100万元。该公司注册地为××省××市,经营地点为××市商贸城,经营范围为销售新型墙体材料、钢材、铝材、水暖器材、油漆、家具、灯具等各种建筑、装饰、装修材料。

该公司拥有一大型商场,主要从事建筑、装饰、装修材料的零售业务,还从事少量建筑材料、家具等的批发业务。本项目设计为该公司对零售业务和少量批发业务均按零售业务的核算办法进行会计处理,即按售价金额核算法核算其库存商品,按业务类型分为墙体与新型墙体材料组、家具组、灯具组等多个柜组,实物控制人为柜组负责人。同时采购费用不大,进销存过程中的相关采购费用、保管费用、销售费用均直接列入销售费用。

该公司是增值税一般纳税人,除增值税外,其他主要税种有城市维护建设税、教育附加费、房产税、车船使用税、企业所得税等。主管税务机关为××市税务局。

该公司自成立以来，稳打稳扎，出现了年年均有盈利的可喜局面。

该公司董事长兼总经理涂实，现年48岁，高中学历，业务经验丰富，具有一定的行业管理经验。他原为物资局建筑材料销售科业务员，单位改制后自谋生路，与人合伙成立公司，利用原有的进销渠道，使业务迅速壮大。该公司财务经理涂世红（女）是会计师职称，大学本科学历，学士，从业经历7年，会计经验丰富。该公司设有两个仓库，仓库保管员2名，负责收发各种材料。出纳和会计各1名，商场收银员3名。各类聘用员工共计52人。

该公司年报审计的主要目的是满足工商、税务等部门使用和企业的股东、债权人了解单位财务情况、经营成果和现金流量情况使用。

由于国家自2009年以来实行经济刺激政策，基本建设规模不断扩大，建筑行业比较兴旺，建材销售业务兴旺。尽管国家的房产政策不断趋紧，钢材、铝材价格受国际影响波动较大，但从总体来看，经济政策对建材销售的影响是利大于弊。该公司不经营进出口业务，立足本市，服务本市，因此，世界金融危机对其影响有限。

审计业务一部经理吴立至查阅了本事务所以前对被审计单位进行审计所出具的审计报告，并与原审计负责人孙望进行了沟通，认为本公司不存在独立性、专业胜任及被审计单位对报表审计存在误解等方面的问题，能完成该公司的年报审计业务，所以承接了该审计业务，并签订了审计业务约定书。约定书中双方约定审计时间为5天，审计费用按××省会计师事务所的收费标准确定，收审计费5 000元，在签约时付一半，审计结束，出具报告草稿后，付另一半。此外，审计的吃饭、住宿问题由被审计单位协助解决。签约后，审计工作即正式进行。

吴立至在了解相关公司背景资料后，首先获取了被审计单位的未审计年度会计报表，包括资产负债表、利润表和现金流量表。该公司未编所有者权益变动表。

下面是美居建材有限公司未审的资产负债表（表1-1）、利润表（表1-2）和现金流量表（表1-3），表中期初数（或上年数）是上年已审数。

表1-1 资产负债表

会企01表

编制单位：美居建材有限公司　　　　2014年12月31日　　　　单位：元

资　产	期末余额	年初余额	负债和所有者权益	期末余额	年初余额
流动资产：			流动负债：		
货币资金	600 800	420 000	短期借款	500 000	200 000
交易性金融资产	0	200 000	交易性金融负债	0	0
应收票据	300 000	100 000	应付票据	323 820	100 000
应收账款	2 400 000	1 000 000	应付账款	5 387 150	3 400 000
预付款项	0	500 000	预收款项	0	1 000 000
应收利息	0	0	应付职工薪酬	150 000	100 000
应收股利	0	0	应交税费	30 000	60 000
其他应收款	32 000	10 000	应付利息	0	0
存货	8 200 000	6 850 000	应付股利	400 000	300 000
1年内到期非流动资产	0	0	其他应付款	20 000	30 000
其他流动资产	0	0	1年内到期非流动负债	0	0

续表

资　产	期末余额	年初余额	负债和所有者权益	期末余额	年初余额
流动资产合计	11 532 800	9 080 000	其他流动负债	0	0
非流动资产：	0	0	流动负债合计	6 810 970	5 190 000
可供出售金融资产	0	0	非流动负债：	0	0
持有至到期投资	0	0	长期借款	2 732 800	2 130 000
长期应收款	0	0	应付债券	0	0
长期股权投资	0	0	长期应付款	0	0
投资性房地产	0	0	专项应付款	0	0
固定资产	6 700 000	7 340 000	预计负债	0	0
在建工程	0	0	递延所得税负债	0	0
工程物资	0	0	其他非流动负债	0	0
固定资产清理	0	0	非流动负债合计	2 732 800	2 130 000
生产性生物资产	0	0	负债合计	9 543 770	7 320 000
油气资产	0	0	所有者权益：		
无形资产	1 500 000	1 700 000	实收资本	10 000 000	10 000 000
开发支出	0	0	资本公积	0	0
商誉	0	0	减：库存股	0	0
长期待摊费用	1 000 000	0	盈余公积	600 000	500 000
递延所得税资产	0	0	未分配利润	589 030	300 000
其他非流动资产	0	0	所有者权益合计	11 189 030	10 800 000
非流动资产合计	9 200 000	9 040 000			
资产总计	20 732 800	18 120 000	负债和所有者权益总计	20 732 800	18 120 000

表1-2　利润表

企会02表

编制单位：美居建材有限公司　　　　2014年12月　　　　　　　　　　　　　单位：元

项　目	本期金额	上期金额
一、营业收入	11 690 000	10 560 000
减：营业成本	8 460 000	7 926 000
营业税金及附加	31 370	29 240
销售费用	1 202 448	968 004
管理费用	606 118	514 330
财务费用	169 690	131 200
资产减值损失	58 334	41 666
加：公允价值变动收益（损失以"-"号填列）	0	0
投资收益（损失以"-"号填列）	20 000	0
其中：对联营企业和合营企业投资收益	0	0

续表

项目	本期金额	上期金额
二、营业利润（亏损以"-"号填列）	1 182 040	949 560
加：营业外收入	20 000	0
减：营业外支出	150 000	0
其中：非流动资产处置损失	150 000	0
三、利润总额（亏损总额以"-"号填列）	1 052 040	949 560
减：所得税费用	263 010	237 390
四、净利润（净亏损以"-"号填列）	789 030	712 170

表1-3　现金流量表

会企03表

编制单位：美居建材有限公司　　　2014年12月　　　单位：元

项目	本期金额	上期金额
一、经营活动产生的现金流量		
销售商品、提供劳务收到的现金	12 496 966	
收到的税费返还		
收到其他与经营活动有关的现金	20 000	
经营活动现金流入小计	12 516 966	
购买商品、接受劳务支付的现金	10 232 630	
支付给职工以及为职工支付的现金	846 950	
支付的各项税费	709 840	
支付其他与经营活动有关的现金	219 856	
经营活动现金流出小计	12 009 276	
经营活动产生的现金流量净额	507 690	
二、投资活动产生的现金流量		
收回投资收到的现金	220 000	
取得投资收益收到的现金	0	
处置固定资产、无形资产和其他长期资产收回的现金净额	50 000	
处置子公司及其他营业单位收到的现金净额	0	
收到其他与投资活动有关的现金	0	
投资活动现金流入小计	270 000	
购建固定资产、无形资产和其他长期资产支付的现金	1 018 890	
投资支付的现金	0	
取得子公司及其他营业单位支付的现金净额	0	
支付其他与投资活动有关的现金	0	
投资活动现金流出小计	1 018 890	
投资活动产生的现金流量净额	-748 890	

续表

项　目	本期金额	上期金额
三、筹资活动产生的现金流量		
吸收投资收到的现金	0	
取得借款收到的现金	960 000	
收到其他与筹资活动有关的现金		
筹资活动现金流入小计	960 000	
偿还债务支付的现金	200 000	
分配股利、利润或偿付利息支付的现金	331 000	
支付其他与筹资活动有关的现金	7 000	
筹资活动现金流出小计	538 000	
筹资活动产生的现金流量净额	422 000	
四、汇率变动对现金及现金等价物的影响	0	
五、现金及现金等价物净增加额	180 800	
加：期初现金及现金等价物余额	420 000	
六、期末现金及现金等价物余额	600 800	
1. 将净利润调节为经营活动现金流量：		
净利润	789 030	
加：资产减值准备	58 334	
固定资产折旧、油气资产折耗、生产性资产折旧	470 000	
无形资产摊销	200 000	
长期待摊费用摊销	0	
处置固定资产、无形资产和其他长期资产的损失（收益以"-"号填列）	150 000	
固定资产报废损失（收益以"-"号填列）	0	
公允价值变动损失（收益以"-"号填列）	0	
财务费用（收益以"-"号填列）	169 690	
投资损失（收益以"-"号填列）	-20 000	
递延所得税资产减少（增加以"-"号填列）	0	
递延所得税负债增加（减少以"-"号填列）	0	
存货的减少（增加以"-"号填列）	-1 350 000	
经营性应收项目的减少（增加以"-"号填列）	-1 180 334	
经营性应付项目的增加（减少以"-"号填列）	1 250 970	
其他	-30 000	
经营活动产生的现金流量净额	507 690	
2. 不涉及现金收支的重大投资和筹资活动：		
债务转为资本	0	

续表

项　目	本期金额	上期金额
1年内到期的可转换公司债券	0	
融资租入固定资产	0	
3．现金及现金等价物净增加情况：		
现金的期末余额	600 800	
减：现金的期初余额	420 000	
加：现金等价物的期末余额	0	
减：现金等价物的期初余额	0	
现金及现金等价物净增加额	180 800	

1.1.2　承接年报审计业务的实训操作

请根据吴立至所了解的被审计单位情况及取得的被审计单位会计报表，完成其初步业务活动的记录并与被审计单位签订审计业务约定书。

1. 了解与记录被审计单位情况

企业基本情况见表1-4。

表1-4　企业基本情况

被审计单位名称：美居建材有限公司　　　索引号：GL01　　　　　　　页次：
　　　　　　　　　　　　　　　　　　　　编　制：吴立至　　　　　　日期：2015年2月22日
会计期间或截止日：2014年度　　　　　　 复　核：孙望、涂定康　　　日期：2015年2月26日

合同批准	字号年月日（略）	法定地址	（略）
营业执照	字号年月日（略）	经营地址	
经营范围及经营方式		合同期限	
		开业日期	
		企业组织形式	
		投资总额	
		注册资本	
		主管部门	
		主管财税机关	

投资者名称	认缴出资额		实收资本		实收资本占认缴数/（%）
	原币（　）	人民币（　）	原币（　）	人民币（　）	

续表

主要财务状况	项目	上年	本年	董事长（中国）	
	资产总额/万元			总经理、厂长（中国）	
	负债总额/万元			总会计师	
	所有者权益/万元			财务经理	涂世红
	销售收入/万元			传真	略
	利润总额/万元			电话	略
	所得税/万元			邮政编码	略
	分支机构概况				
	名称	投资比例	名称	投资比例	职工人数	
					其中：外籍	0

2. 进行承接业务风险的初步评价

（1）开展初步业务活动——初步业务活动程序见表1-5。

表1-5 初步业务活动程序　　　　　　　　　　　　　　索引号：GL02

初步业务活动程序	执行人	索引号
1. 首次执行业务，实施下列程序 与委托人面谈，讨论下列事项： （1）审计的目标。 （2）审计报告的用途。 （3）管理层对报表的责任。 （4）审计范围。 （5）时间安排，包括出具审计报告的时间要求。 （6）审计报告格式和对审计结果的其他沟通形式。 （7）管理层提供必要的工作条件和协助。 （8）注册会计师不受限制地接触任何与审计有关的记录、文件和所需的其他与审计涉及的客户内部审计人员和其他员工工作的协调。 （9）审计收费，包括收费的计算基础和收费安排。 （10）初步了解客户及其环境，进行初步风险评估并加以记录。 （11）征得客户同意后，与前任注册会计师沟通。		
2. 如果是连续审计，实施下列程序 （1）了解审计的目标、审计报告的用途、审计范围和时间安排是否发生变化。 （2）查阅以前年度审计工作底稿，重点关注非标准审计报告、管理建议书和重大事项概要等。 （3）初步了解客户及其环境发生的重大变化，进行初步业务风险评价并予以记录。 （4）考虑是否需要修改业务约定书条款，是否需要提醒客户注意现有的业务约定条款。		
3. 评价是否具备执行该项审计业务所需要的独立性和专业胜任能力		
4. 完成业务承接/保持评价表		
5. 签订审计业务约定书		
说明：本次为连续审计，相关各项程序索引号须填写清楚。		

（2）承接业务风险的初步评价——审计风险初步评价见表1-6。

表1-6 审计风险初步评价　　　　　　　　　　　　　　索引号：GL03

项 目		说 明	风 险
委托人	委托原因		
	审计内容		
	委托人动机		
被审计单位	行业环境		
	产品销售情况		
	会计政策		
	上期是否经过审计		
	是否连续亏损		
	资产负债率		
	内部管理制度		
	有否潜亏因素		
	是否存在范围的限制		
变更事务所	变更原因		
	是否与前任沟通		
	是否得到并评价回复		
独立性与胜任能力等	独立性		
	胜任能力		
	是否向客户提供其他专业服务		
	是否有充足的人力和时间执行审计		

审计结论：

3. 签订审计业务约定书

审计业务约定书

甲方：
乙方：
兹由甲方委托乙方对＿＿＿年度财务报表进行审计，经双方协商，达成以下约定：
一、审计的目标和范围
1. 乙方接受甲方委托，对甲方按照企业会计准则编制的＿＿＿年＿＿＿月＿＿＿日的资产负债表，＿＿＿年度的利润表、股东权益变动表和现金流量表以及财务报表附注（以下统称财务报表）进行审计。
2. 乙方通过执行审计工作，对财务报表的下列方面发表审计意见：
（1）

(2)

二、甲方的责任

1．

2．

3．

4．

5．

6．

7．

8．乙方的审计不能减轻甲方及甲方管理层的责任。

三、乙方的责任

1．

2．

3．

4．

5．按照约定时间完成审计工作，出具审计报告。乙方应于2015年____月____日前出具审计报告。

6．除下列情况外，乙方应当对执行业务过程中知悉的甲方信息予以保密：①法律法规允许披露，并取得甲方的授权；②根据法律法规的要求，为法律诉讼、仲裁准备文件或提供证据，以及向监管机构报告发现的违法行为；③在法律法规允许的情况下，在法律诉讼、仲裁中维护自己的合法权益；④接受注册会计师协会和监管机构的执业质量检查，答复其询问和调查；⑤法律法规、执业准则和职业道德规范规定的其他情形。

四、审计收费

1．本次审计服务的收费是以乙方各级别工作人员在本次工作中所耗费的时间为基础计算的。乙方预计本次审计服务的费用总额为人民币____万元。

2．甲方应于本约定书签署之日起1日内支付50％的审计费用，其余款项于（审计报告草稿完成日）结清。

3．如果由于无法预见的原因，致使乙方从事本约定书所涉及的审计服务实际时间较本约定书签订时预计的时间有明显的增加或减少时，甲乙双方应通过协商，相应调整部分第1段所述的审计费用。

4．如果由于无法预见的原因，致使乙方人员抵达甲方的工作现场后，本约定书所涉及的审计服务中止，甲方不得要求退还预付的审计费用；如上述情况发生于乙方人员完成现场审计工作，并离开甲方的工作现场之后，甲方应另行向乙方支付人民币____元的补偿费，该补偿费应于甲方收到乙方的收款通知之日起____日内支付。

5. 与本次审计有关的其他费用（包括交通费、食宿费等）由甲方承担。

五、审计报告和审计报告的使用

1. 乙方按照中国注册会计师审计准则规定的格式和类型出具审计报告。
2. 乙方向甲方致送审计报告一式____份。
3. 甲方在提交或对外公布乙方出具的审计报告及其后附的已审计财务报表时，不得对其进行修改。当甲方认为有必要修改会计数据、报表附注和所作的说明时，应当事先通知乙方，乙方将考虑有关的修改对审计报告的影响，必要时，将重新出具审计报告。

六、本约定书的有效期间

本约定书自签署之日起生效，并在双方履行完毕本约定书约定的所有义务后终止。但其中第三项第6段、第四、五、七、八、九、十项并不因本约定书终止而失效。

七、约定事项的变更

如果出现不可预见的情况，影响审计工作如期完成，或需要提前出具审计报告，甲、乙双方均可要求变更约定事项，但应及时通知对方，并由双方协商解决。

八、终止条款

1. 如果根据乙方的职业道德及其他有关专业职责、适用的法律法规或其他任何法定的要求，乙方认为已不适宜继续为甲方提供本约定书约定的审计服务时，乙方可以采取向甲方提出合理通知的方式终止履行本约定书。
2. 在本约定书终止的情况下，乙方有权就其于终止之日前对约定的审计服务项目所做的工作收取合理的审计费用。

九、违约责任

甲、乙双方按照《中华人民共和国合同法》的规定承担违约责任。

十、适用法律和争议解决

本约定书的所有方面均应适用中华人民共和国法律进行解释并受其约束。本约定书履行地为乙方出具审计报告所在地，因本约定书所引起的或与本约定书有关的任何纠纷或争议（包括关于本约定书条款的存在、效力或终止，或无效之后果），双方协商确定采取以下第____种解决方式。

(1) 向有管辖权的人民法院提起诉讼。
(2) 提交____仲裁委员会仲裁。

十一、双方对其他有关事项的约定

本约定书一式两份，甲、乙方各执一份，具有同等法律效力。

甲方（盖章）：美居建材有限公司　　　　乙方（盖章）：××会计师事务所

授权代表（签名并盖章）：　　　　　　　授权代表（签名并盖章）：
涂世红　　　　　　　　　　　　　　　　吴立至
2015年2月22日　　　　　　　　　　　　2015年2月22日

1.2 实训任务2——制订审计总体策略和具体计划

实训内容	技 能 点
进一步识别、评估控制风险	(1) 了解会计政策、会计估计及会计方法，填制相关底稿 (2) 了解内控制度建立情况，填制相关底稿 (3) 了解财务管理制度建立情况，填制相关底稿 (4) 调查被审计单位对内控制度的自我评价
收集与审阅备查性材料	按客户资料一览表收集和审阅资料
财务数据分析，发现重点或异常领域	(1) 对会计报表进行横向分析 (2) 对会计报表进行纵向分析 (3) 对会计报表进行结构比例分析 (4) 对重要会计指标进行分析
确定重要性	(1) 确定报表层次重要性水平和执行的重要性水平 (2) 确定账户余额与交易的重要性水平和执行的重要性水平
评估检查风险	(1) 确定固有风险水平 (2) 确定控制风险水平 (3) 确定检查风险水平
初步确定审计策略与具体计划	(1) 确定审计总体策略 (2) 制订具体审计计划

1.2.1 制订审计总体策略和具体计划的相关资料

1. 了解其内控制度、财务制度的建立情况

吴立至与美居建材有限公司分管财务的副老总程为、财务经理涂世红进行了沟通，沟通主要内容包括以下3个方面：

（1）会计政策、会计估计方面——该公司为非上市公司，执行企业会计准则和企业财务通则，所得税按资产负债表债务法核算，按年末应收账款余额的4%计提的坏账准备可以抵扣应纳税所得额，并征得该市税务局的同意；该公司执行的主要税率为所得税25%、增值税17%、城建税7%、教育费附加3%；该公司没有关联企业，没有外币业务；该公司为零售企业，存货主要包括库存商品和包装物、低值易耗品，库存商品按售价金额法核算，实行"售价记账，分柜组控制"的核算办法，低值易耗品采用五五摊销法，包装物按领用时一次性摊销的方法核算。除坏账准备外，其他资产减值按单项资产确定；公允价值损益主要为期末交易性金融资产和投资性房地产的市价变动损益。其他相关的会计政策、会计估计运用符合一惯性原则，本期没有改变。

（2）内控制度建立方面——将本所内控制度调查表交该公司财务经理，让其填写收回，审查发现该公司除没有建立内部审计制度、没有进行成本实绩考核外，该公司的财务管理制度、资产管理制度及其他管理制度均有建立并执行。

（3）财务会计管理制度及执行情况方面——吴立至根据本所的调查表与对方沟通，除未

建立内部审计制度、原材料、在产品、委托加工物资的制度及相关业务的调查内容不适用于该公司外，其他相关制度均已建立，执行情况对方均自我评价为较好。

2. 沟通本事务所在年报审计时需向对方收集的材料清单

向涂世红发放收集资料清单并沟通与回收，发现除工效挂钩的计提应付工资清算表、关联企业（交易）的有关明细记录、对合并会计报表有重大影响的关联企业的财务资料以及对外投资、被投资单位经审计的财务报表等项因不适用或未实施而没有外，其他材料均具备，需提供复印件或需验看原件的，对方予以提供方便。需要重新编制的资料，尽快编制好，及时提供。

3. 对财务比例（比率）进行分析，以确定审计重点

根据所取得的被审计单位的报表进行操作。

4. 对重要性进行分析，确定报表层次与账户及认定层次的重要性水平

被审计单位是商业性质的公司，在确定报表层次的重要性水平时，按本年收入的8.5‰计算，并根据职业判断将报表层次的重要性水平确定为10万元，然后将其分配至资产类与负债类报表项目中。其中，因认为货币资金、短期借款、长期借款等项目不应该有差错，所以这些账户的重要性水平为0，其余账户按比例分配，并可适当保留约数至十位或百位。

1.2.2 制订审计总体策略和具体计划的实训操作

1. 熟悉并记录内控制度、会计核算政策、财务管理制度的调查情况

（1）熟悉并记录会计政策、会计估计调查情况——会计政策、会计估计调查见表1-7。

表1-7 会计政策、会计估计调查

被审计单位：美居建材有限公司　　　　编制：吴立至　　　　索引号：GL05
审计期间：　　　　　　　　　　　　　复核：孙望　　　　　页次：

序号	项目	一贯政策	当期变更情况
1	执行何种财务制度	企业财务管理通则	
2	执行何种会计制度	企业会计准则	
3	各种适用税（费率）	所得税25%，增值税17%，城建税7%、教育费附加3%	
4	合并报表编制范围	合并个数（　），其中投资比例超50%的个数（　）	
5	具体会计政策、会计估计		
（1）	记账本位币	人民币	
（2）	外币业务及账务处理方法	外币总账别（　），外币分账别（　）	
（3）	交易性金融资产计价讲法	期末市价变动产生公允价值变动损益	
（4）	产品成本核算方法	品种法、分类法、定额比例法、分批法、分步法	
	产成品发出核算计价方法	按实际成本核算	
		发出采用：加权平均法	

续表

序 号	项 目	一贯政策	当期变更情况
（5）	固定资产和低值易耗品的划分标准	1 000元及预计使用年限超1年	
	低值易耗品的摊销方法	五五摊销	
	固定资产折旧的计提方法	直线法	
	各类固定资产的折旧年限和残值率	在形成时按类确定，分别确定	
	固定资产减值准备计提方法	按单项资产确定	
	在建工程减值准备计提方法	按单项资产确定	
	固定资产大修理摊销方法	大修长期待摊，小修直接列入管理费用	
（6）	坏账准备的具体计提方法	年末余额4%确定	
	存货跌价准备计提方法	单项资产盘点计算确定	
	长期投资减值准备计提方法	按单项投资确定	
	各项无形资产摊销年限	按土地证上年限确定	
	无形资产减值准备计提方法	按单项资产测试确定	
	长期待摊费用的摊销年限	5年	
（7）	利润分配	法定公积金提取比例10%	
（8）	现金等价物的确定标准和具体内容	货币资金及现金等价物	
（9）	所得税会计处理方法	资产负债表债务法	

初步风险评价：高（ ）中（ ）低（ ）

（2）熟悉并记录内部控制制度调查情况——内部控制制度调查问卷见表1-8。

表1-8 内部控制制度调查问卷

被审计单位名称：美居建材有限公司　　　索引号：GL06　　　页次：
　　　　　　　　　　　　　　　　　　　　编制：吴立至　　　　日期：2015年2月22日
会计期间：　　　　　　　　　　　　　　　　复核：　　　　　　日期：2015年2月26日

调查内容	是	否	不适用	调查内容	是	否	不适用	调查内容	是	否	不适用
财务管理制度				财产物资管理制度				其他管理制度			
一、货币收支管理				一、存货管理				一、销售管理制度			
1. 货币收支是否按规定的程序和权限处理				1. 是否编制材料（商品）采购计划				1. 销售价格的制订、调整是否均按规定			
2. 出纳与会计的职责是否分离				2. 大额商品采购是否签订购货合同并审批				2. 是否对客户信用程度进行适当控制			
3. 现金日记账余额是否逐日与库存现金核对				3. 是否对进货价格与合同价格进行核对				3. 是否结合货款收回率指标对销售人员销售额业绩考核			
4. 库存现金是否不定期抽查并核对账实相符				4. 存货入库是否严格履行验收手续并及时入账				4. 对发票、收款收据是否进行严格管理			

续表

调查内容	是	否	不适用	调查内容	是	否	不适用	调查内容	是	否	不适用
5. 支票签发是否经指定部门或负责人批准				5. 材料储备是否实行定额管理				5. 价格折让、退货是否经相应授权批准			
6. 银行存款是否每月对账，核实未达账项				6. 存货的采购、验收、保管、付款等是否分离				6. 退货是否及时验收入库并做适当处理			
二、费用成本管理				7. 是否根据订单下达生产指令、限额发料				二、劳动工资管理制度			
1. 是否有目标成本管理				8. 存货的发出手续是否按规定办理，是否及时登记仓库账并与记录核对				1. 人员聘用、解聘是否以内部通知单形式及时通知各部门			
2. 是否编制年度成本费用预算，并经董事会批准				9. 是否建立定期盘点制度并得到遵循				2. 工资奖金发放是否均经授权批准			
3. 是否实行成本费用实绩考核				10. 存货盘盈、盘亏、毁损、报废是否及时按规定审批处理				3. 工资标准的制定及变动是否经授权批准			
4. 成本核算制度是否适合生产特点并严格执行				二、固定资产、在建工程管理				4. 人工费用分摊是否合理			
5. 成本费用的归集、分配、结转是否严格按规定办理，前后期是否一致				1. 新增固定资产和在建工程项目有无预算，是否经授权批准				三、内部审计制度			
6. 是否定期盘点在产品，并作为成本分配的依据				2. 已完工在建工程是否及时转入固定资产，并办理竣工验收和移交手续				1. 是否已设置内部审计机构并进行正常工作			
7. 是否制定材料、工时消耗定额，并根据实际情况进行修订				3. 固定资产折旧方法、折旧率是否符合规定，前后期是否一致				2. 年度会计报表是否进行定期审计			
8. 成本费用是否均按权责发生制和配比性核算				4. 固定资产的毁损报废清理是否经过技术鉴定				3. 对下属单位是否进行定期审计			
三、资金管理				5. 是否建立固定资产定期盘点制度，并得到遵循				4. 内部审计决定是否得以正常执行			
1. 是否编制财务收支计划并严格执行								5. 是否进行经济效益审计			
2. 是否对应收账款进行账龄分析并及时催收				调查结论：							
3. 往来是否定期核对											

编制说明：1. 本问卷应在符合性测试和实质性测试前完成。

2. 内部控制调查完成后，在"调查结论"栏对内控是否适当发表意见，对内控弱点，应向客户提出应采取的改进方法，并评价内控弱点对实质性测试的影响。

（3）熟悉并记录财务会计管理制度及执行情况调查——财务会计管理制度调查见表1-9。

表1-9 财务会计管理制度调查

被审计单位名称：美居建材有限公司　　　索引号：GL07　　　　　页次：
　　　　　　　　　　　　　　　　　　　　编制：　　　　　　　　　日期：
会计期间或截止日：　　　　　　　　　　　复核：　　　　　　　　　日期：

项　目		建立情况			实际执行情况
		建　立	不完善	未建立	
企业财务管理办法					
企业会计核算办法					
成本核算规程					
财产物资管理制度	原材料管理				
	在产品管理				
	产成品管理				
	委托加工材料（产品）管理				
	固定资产管理				
	财产物资报损报废审批管理				
财务收支管理制度	现金、银行存款管理				
	发票、收款收据管理				
	销售结算管理				
	成本、费用控制办法				
	用款审批权限				
	工资福利规定				
	经济合同管理				
	产品定价审批权限				
	退货、折让审批权限				
	坏账损失报批权限				
	财产物资报废报损审批权限				
	内部审计制度				

调查意见：
编制说明：无书面成文资料，视作未建立。

2. 熟悉并记录与客户沟通所需和所能取得的资料

客户提供资料一览表

索引号：GL09　　页次：

致：美居建材有限公司

　　承蒙委托，我所承办贵公司 2014 年度会计报表审计业务。根据工作需要，请提供下列"√"定资料，多谢合作。

1. 政府批准的设立合同、协议、章程和批准文件、批准证书副本（或复印件）。（√）
2. 工商行政管理局核发的营业执照副本（复印件）。（√）
3. 管理当局（董事会）历次的决议（列目录清单）及决定经营管理和财务会计问题的资料。（√）
4. 税务局核发的纳税鉴定或通知书，以及批复的免税文件和其他有关资料（复印件）。（√）
5. 企业的各种无形资产证明书（鉴定书）。（√）
6. 已有的重要内部管理制度、办法，包括生产经营、劳动管理、工资管理、劳保福利及财产物资管理制度等。（√）
7. 企业会计制度或会计核算方法。（√）
8. 本年会计报表包括会计报表主表、会计报表附表、会计报表附注、各科目余额明细表。（√）
9. 年末存货和固定资产盘存明细表、汇总表及盘盈、盘亏、毁损明细表。（√）
10. 银行存款对账单及存款余额调节表。（√）
11. 年末应收（付）账款、预收（付）账款、其他应（付）收款明细表（附表）。（√）
12. 企业对外投资清单。
13. 待摊、预提费用明细表。（√）
14. 固定资产及其累计折旧分类汇总表（其中如有未使用、不需用固定资产，应单列明细表）。（√）
15. 其他业务支出明细表。（√）
16. 营业外收入、支出明细表。（√）
17. 一般纳税人的年终增值税申报表。（√）
18. 工效挂钩的计提应付工资清算表。
19. 制造费用、管理费用、销售费用、财务费用明细表。（√）
20. 关联企业（交易）的有关明细记录。
21. 对合并会计报表有重大影响的关联企业的财务资料。
22. 对外投资时，被投资单位经审计的财务报表。
23. 重要的经济合同（含租赁、贷款、保证、保险、许可权、委托管理、人事招聘、长期购销等）复印件。（√）

会计师事务所（盖章）

经办人：吴立至

3. 进行报表的分析性测试程序

（1）分析性测试情况汇总及进行审计重点判断——分析性测试情况汇总见表1-10。

表1-10 分析性测试情况汇总

被审计单位名称：美居建材有限公司　　　索引号：GL08　　　页次：
　　　　　　　　　　　　　　　　　　　编制：　　　　　　　日期：
会计期间或截止日：　　　　　　　　　　复核：　　　　　　　日期：

测试项目	重要事项说明
1. 资产负债表横向及纵向趋势分析表 横向趋势分析主要看变动幅度：（各项目年末数-年初数）/年初数 纵向趋势分析主要看各项目结构比重变化幅度：该项目年末的比重-该项目年初的比重	通过横向、纵向分析发现： 1. 应该重点审计项目。 2. 从结构比重上看，比重发生变化大的项目。
2. 利润表横向及纵向趋势分析表 横向趋势分析主要看变动幅度：（各项目年末数-年初数）/年初数 纵向趋势分析主要看各项目结构比重变化幅度：该项目年末的比重-该项目年初的比重	通过横向、纵向分析发现： 1. 变动稍大项目。 2. 金额异常项目。
3. 比率分析 见表1-11	见表1-11

（2）比率趋势分析表——比率趋势分析见表1-11。

表1-11 比率趋势分析　　　　　　　　　　　　　　索引号：GL08-1

比率指标	计算公式	2013年 ①	2014年 ②	增减数 ③=②-①	说　明
偿债能力指标					本表对比率值增减数差异大的项目，一方面要分析原因，另一方面要根据所发现的异常情况进行特别关注，体现到审计计划中。 1. 流动比率和速动比率显示 2. 长期偿债能力 3. 存货 4. 回报率均与该行业平均报酬相差不大
1. 流动比率	流动资产/流动负债				
2. 速动比率	速动资产/流动负债				
财务杠杆比率					
1. 负债比率	总资产/总负债				
2. 资本对负债比率	所有者权益/总负债				
3. 利息保障系数	息税前利润/财务费用				
经营效率比率					
1. 存货周转率	营业成本/平均存货				
2. 应收账款周转率	营业收入/平均应收账款				
3. 总资产周转率	营业收入/平均资产				
获得能力比率					
1. 销售利润率	净利润/营业收入				
2. 资产报酬率	净利润/平均资产				
3. 权益报酬率	净利润/平均所有者权益				

4. 重要性水平的评估与确定

（1）报表层次重要性水平的评估与确定——重要性标准初步估计见表1-12。

表1-12　重要性标准初步估计

被审计单位名称：美居建材有限公司　　　　索引号：GL10　　　　　页次：
　　　　　　　　　　　　　　　　　　　　编制：　　　　　　　　日期：
会计期间或截止日：　　　　　　　　　　　复核：　　　　　　　　日期：

年份或项目	税前利润法	总收入法	总资产法	备　注
2007年		（略）		
2008年		（略）		
2009年		（略）		
前3年平均		（略）		
当年未审数		11 690 000元		以当年收入未审数为基础计算
重要性比例	（3%～5%）	（0.5%～1%）	（0.5%～1%）	取0.85%
重要性标准（绝对值）		100 000元		

说明	（一）方法适用范围： 1. 利润法可用于比较稳定，回报率较合理的企业。 2. 收入法用于微利企业和商业企业。 3. 资产法用于金融、保险或其他资产大而盈利小的企业。 （二）以上方法三者只用其一，不能三者同时使用。 （三）所有未调整不符事项金额总和不得超过确定的重要性标准。 （四）应交税金不在重要性标准之内。 （五）重要性标准计算基础以当年未审数为主，适当参考前3年平均数。 （六）重要性比例系经验数据，在具体运用时，还应考虑各账户和交易层次的内容和性质而定。 （七）注册会计师也可采用其他适当方法确定重要性水平。

部门经理对总体审计重要性标准的意见：

1. 所审企业是商业性质，因此用收入为基数确定重要性水平是恰当的。
2. 取0.85%的比例是考虑到该企业是一个中型企业，又没有前3年的数据可供参考。1 169万元×0.85%＝99 365元，取约等10万元。
3. 对所有已确认的核算差错和重分类差错均要求该公司调整。对推断差错，尽量确保不超过重要性水平。
4. 将重要性水平分配至报表项目。这种分配可以加入注册会计师的职业判断，是一种粗略分配，并且在考虑了报表分析的相关结论的同时，将其与审计总体策略联系起来。重要性水平分配到报表项目的情况见表1-13。审计总体策略见表1-14。

（2）账户（交易）层次重要性水平分配——账户（交易）重要性水平分配见表1-13。

表1-13 账户（交易）重要性水平分配　　　　　　　索引号：GL11

资产类	分配金额	负债及所有者权益	分配金额
货币资金		应付职工薪酬	
应收票据		应交税费	
应收账款		应付利润	
其他应收款		长期负债	
存货		重要性水平合计	
长期待摊费用		说明：	
固定资产		1. 账户层次重要性水平越低，说明越不能发生差错，必须进行更详细的实质性审计。本例将货币资金和短期借款重要性水平确定为0，即是这两个项目不能出现任何差错。	
无形资产			
应付票据			
应付账款			
其他应付款		2. 本例按报表层次重要性水平的30%确定账户余额和交易的执行重要性水平。可以不进行分配。	
借款短期			

5. 制订审计总体策略

审计策略按主要证实法和较低控制风险估计水平法标识。本例中控制风险水平估计为低水平，故总体策略为较低控制风险估计水平法。具体报表项目根据业务量情况和上面报表分析情况，分别确定其审计策略。客户主要会计科目或交易类别的审计策略见表1-14。

表1-14 客户主要会计科目或交易类别的审计策略　　　　　索引号：GL12

账　户	审计策略	账　户	审计策略
货币资金		应付账款	
短期投资		应付职工薪酬	
应收账款		应交税费	
存货		应付利润	
长期投资		预收账款	
固定资产		长期借款	
无形资产及其他资产		长期应付款	
资产减值		实收资本	
短期借款		资本公积	
营业收入		表外科目	
营业成本		期后事项	
营业费用		所得税	
管理费用		营业税金及附加	
财务费用		营业外收支	
…		…	

6. 制订具体审计工作计划

审计工作计划见表1-15。

表1-15　审计工作计划

被审计单位名称：美居建材有限公司	索引号：GL13	页次：
	编制：吴立至	日期：
会计期间：	复核：孙望	日期：

一、委托审计的目的、范围：

二、审计策略：（是否实施预审、是否进行符合性测试；实质性测试按业务循环还是按报表项目等）

三、评价其内控制度和审计风险：

四、重要会计问题及重点审计领域：

五、计划审计日期：

外勤工作自2015年2月22日至2015年2月24日	共计3日 9人次；
编写报告自2015年2月26日至2015年2月26日	共计1日 1 人次；
安排预审自2015年2月22日至2015年2月22日	共计1日 1 人次；
预审截止日期 2015年2月22日	

六、审计小组组成及人员分工：

姓　名	职务或职称	分　工	备　注
			循环审计所涉及的项目见表1-16
			循环审计所涉及的项目见表1-16
			循环审计所涉及的项目见表1-16

七、修订计划记录：

7. 业务循环与报表项目对应关系表

业务循环与所涉主要财务报表项目对应关系见表1-16。

表1-16　业务循环与所涉主要财务报表项目对应关系　　　索引号：GL13-1

业务循环	涉及的资产负债表和利润表项目
销售与收款循环	应收票据、应收账款、长期应收款、预收账款、应交税费；营业收入、营业税金及附加、销售费用等
采购与付款循环	预付账款、固定资产、在建工程、工程物资、固定资产清理、无形资产、研发支出、商誉、长期待摊费用、应付票据、应付账款、长期应付款、管理费用
存货与仓储循环	存货（包括材料采购、在途物资、原材料、材料成本差异、库存商品、发出商品、商品进销差价、委托加工物资、委托代销商品、受托代销商品、周转材料、生产成本、制造费用、劳务成本、存货跌价准备等）、应付职工薪酬、营业成本等
筹资与投资循环	交易性金融资产、应收股利、应收利息、其他应收款、其他流动资产、可供出售金融资产、持有至到期投资、长期股权投资、投资性房地产、递延所得税资产、其他非流动资产、短期借款、交易性金融负债、应付利息、应付股利、其他应付款、其他流动负债、长期借款、应付债券、专项应付款、预计负债、递延所得税负债、其他非流动负债、实收资本（或股本）、资本公积、盈余公积、未分配利润；财务费用、资产减值损失、公允价值变动损益、投资收益、营业外收入、营业外支出、所得税费用等

1.3 实训任务3——主要业务循环审计

实训内容	技 能 点
货币资金控制测试及货币资金项目审计	（1）进行货币资金控制测试，根据风险判断和审计策略，确定时间、范围和检查领域，抽样检查收付资金是否符合授权批准控制制度等，同时记录工作底稿 （2）同步控制测试的运行，测试控制制度执行有效性的同时关注所检查交易的相关认定，同时记录工作底稿 （3）现金盘点程序的运用与记录底稿 （4）银行账户余额核对，调节表审阅并记录底稿 （5）账证、账账、账表数据核对程序的运用与底稿记录
销售与收款业务循环审计	（1）测试销售与收款业务内部控制的有效性，根据风险判断和审计策略，确定时间、范围和检查领域，抽样测试发票管理、收款管理、销售（含赊销）管理内部控制的有效性并形成底稿 （2）同步测试，对选取销售业务的出库单、运输单与发票核对，同时与凭证、账簿核对，部分业务实行穿行测试，查证其相关认定，形成工作底稿 （3）对应收账款、其他应收款、应收票据等项目根据准则要求选取样本，实行函证程序和替代程序，验证相关认定并记录 （4）选取期末大额交易进行截止性测试 （5）对坏账准备执行重新计算复核程序并记录 （6）预收账款关注重分类问题 （7）根据主营业务税金及附加与收入成本的关系进行分析，判断其合理性，形成工作底稿 （8）对销售费用根据业务量大小进行样本选取检查相关认定，同时复核从总额及构成，形成底稿 （9）进行账证、账账、账表核对 （10）对发现的错报在相关底稿中进行记载，对证据复印保存
采购与付款业务循环审计	（1）测试内部控制有效性。抽样检查采购业务请购、授权、合同、入库、付款、发票等管理环节的控制有效性，同步测试样本的相关认定，形成工作底稿 （2）对固定资产进行清单复核、抽查盘点、折旧重新计算等程序，对固定资产清理实行逐笔核实程序，并填制工作底稿 （3）对无形资产进行权利证书检查、对长期待摊费用摊销及余额重新计算等程序，并形成工作底稿 （4）对营业外收支逐笔检查核实，并形成工作底稿 （5）对应付票据进行逐笔核实，并形成工作底稿 （6）对应付账款、其他应付款检查原始凭证，必要时选取样本，函证确认，并形成工作底稿 （7）对管理费用抽样检查，核对清单，并形成工作底稿 （8）进行账证、账账和账表核对 （9）对发现的错报在相关底稿中进行记载，对证据复印保存

续表

实训内容	技 能 点
存货与成本业务循环审计	（1）测试内部控制有效性。抽样检查存货发出、运输单据、成本计算、成本核算等内部控制，同步测试样本的相关认定，形成工作底稿 （2）抽样选取存货实施盘点程序，并形成工作底稿 （3）选取一组（类）存货对其进销存核算实施重新执行程序，检查是否符合售价核算法，形成工作底稿 （4）对存货购、存、销数量与主营业务成本进行分析，检查是否存在异常 （5）检查复核各月工资汇总表及分配表，重新计算或复核工资附加费，形成工作底稿 （6）进行账证、账账、账表核对 （7）对发现的错报在相关底稿中进行记载，对证据复印保存
筹资与投资业务循环审计	（1）测试控制的有效性，包括检查各项投资、筹资的决策文件、会议记录、授权批准、执行过程中的文件、合同、协议等，取得的权利凭证 （2）决定是否函证被告投资方，了解投资比例、投资收益或损失，并形成底稿 （3）审查投资、筹资核算方法是否恰当，并形成底稿 （4）对投资收益、筹资费用等进行重新计算、复核，并形成底稿 （5）检查利润分配的会计记录及文件，复核应付利润金额 （6）对所得税、盈余公积、未分配利润暂时不重新计算，待审计整理时再核实 （7）进行账证、账账和账表核对 （8）对发现的错报在相关底稿中进行记载，对证据复印保存

1.3.1　货币资金控制测试及相关报表项目审计

1. 货币资金控制测试及相关项目审计的相关资料

王勤在吴立至的指导下，对美居建材有限公司的货币资金收支控制进行了测试，由于其重要性水平设定为30 000，故测试之后对相关账户进行了必要的审计程序，以确认各货币性资产账户的确认、计价、记录和列报没有发生差错。相关控制测试和细节测试的情况如下：

（1）在进行货币资金控制测试时，王勤首先统计了该公司货币资金收付业务发生的频率，该公司银行存款业务收支共发生160笔，现金收支业务共为120笔。故她使用特定项目方式选样，抽样时抽取了大额、整数的收款和付款凭证各10张，进行现金和银行存款管理制度有效执行的测试。

在货币资金收入控制制度有效性测试时，选取了银行存款收入金额为60万元、80万元、55万元、70万元和50万元这5笔，选取现金收入金额为800元、2 000元、600元、900元和5 000元这5笔，检查了各笔收入原始凭证及记账凭证编号（本例省略不填），根据收入控制测试表后提示的7项核对与检查内容，进行逐一查检，检查中均无发现控制上的偏差。

在货币资金支出控制制度有效性测试时，选取银行存款支出金额为30万元、60万元、50万元、40万元和20万元这5笔，选取现金支出金额为800元、900元、700元、600元和1 000元这5笔，检查了各笔支出原始凭证及记账凭证编号（本例省略不填），根据支出控制测试表后提示的8项核对与检查内容，进行逐一查检，检查中均无发现控制上的偏差。

根据检查情况填写了程序表和符合性测试工作底稿，并确认该公司的货币资金收支控制制度得到了有效运行。

（2）在进行货币资金报表项目审计时，王勤检查了现金日记账，在预先不通知对方的情况下，于23日对库存现金进行了现场监盘并倒推至上年末。对银行存款的检查，首先检查了账户的个数，该公司只有一个基本户，然后对银行在2014年12月31日的银行对账单与企业的银行存款日记账进行核对，复核了其银行存款余额调节表。情况如下：

23日现金盘点时，现金共计812元，包括4张100元、3张50元、10张20元、3张10元、2张5元、5张2元、10张1元、4张5角。当日账面数600元，但有两张收入凭证共计212元没有入账，核对相符。然后加上1月1日至2月23日间发生的支出2 500元，减此期间的现金收入2 412元，推算年末的现金为900元，与上年年末库存现金账面记录和列报数相符。

2014年12月31日公司日记账余额为599 900元，银行对账单余额为609 900元，企业已开支票付广告费10 000元，银行未记账，对账单调节后相符，确认企业账面记录与列报数正确，为599 900元。

货币资金审定数为600 800元。

2. 货币资金控制测试及相关项目审计的实训操作

根据上述王勤的测试与检查情况，将其记录于工作底稿，并按照工作底稿的要求，填写相关的测试方法和过程，写出审计的结论。

（1）完成货币资金控制测试的有关记录。

① 现金和银行存款符合性测试程序表（表1-17）。

表1-17 现金和银行存款符合性测试程序表

单位名称：美居建材有限公司　　　测试人员：王勤　　　日期：2015年2月22日　　　索引号：CS5
截止日：　　　　　　　　　　　复核人员：吴立至　　日期：2015年2月23日　　　页次：1/1

测试重点	常规测试程序	索引号
	由于现金和银行存款分散于各个循环，且其记录错误有时难以通过上述业务循环的符合性测试发现，所以一般应单独对现金和银行存款的内部控制进行测试。 1. 检查货币资金内部控制是否建立并严格执行： （1）款项的收支是否按规定的程度和权限办理； （2）是否存在与本单位经营无关的款项收支情况； （3）是否存在出租、出借银行账户的情况； （4）出纳与会计的职责是否严格分离； （5）货币资金和有价证券是否妥善保管，是否定期盘点、核对； （6）拨付所属资金、公司拨入资金的核算内容是否与内部往来混淆。 2. 抽取收款凭证： （1）核对收款凭证与存入银行账户解款单的日期和金额是否相符； （2）核对现金、银行存款日记账的收入金额是否正确； （3）核对收款凭证与银行对账单是否相符； （4）核对收款凭证与应收账款明细账的有关记录是否相符； （5）核对实收金额与销售发票是否一致。	

续表

测试重点	常规测试程序	索引号
	3．抽取付款凭证： （1）检查付款的授权批准手续是否符合规定； （2）核对现金、银行存款日记账的付出金额是否正确； （3）核对付款凭证与银行存款对账单是否相符； （4）核对付款凭证与应收账款明细账的记录是否一致； （5）核对实付金额与购货发票是否相符。 4．抽取一定期间的现金日记账、银行存款日记账与总账核对是否一致。 5．抽取一定期间的银行存款日记账与银行对账单是否一致。 6．抽取一定期间的银行存款余额调节表，查验其是否按月正确编制并复核。 7．长期未达账款是否追查原因并及时处理。 8．检查外币资金的折算方法是否符合有关规定，是否与上年度一致。	

测试说明：

测试结论：

② 现金和银行存款循环符合性测试工作底稿（表1-18）。

表1-18 现金和银行存款循环符合性测试工作底稿

单位名称：美居建材有限公司　　测试人员：王勤　　日期：2015年2月22日　　索引号：CS5-1
截止日：　　　　　　　　　　　　复核人员：吴立至　日期：2015年2月23日　　页次：

程序号	查验过程记录	索引号
	测试情况： 测试结论：	

③ 现金和银行存款收入凭证内控测试记录（表1-19）。

表1-19　现金和银行存款收入凭证内控测试记录

被审计单位名称：美居建材有限公司　　　索引号：CS5-1-1　　　页次：
审计项目名称：　　　　　　　　　　　　　编制：王勤　　　　　日期：2015年2月22日
会计期间：　　　　　　　　　　　　　　　复核：吴立至　　　　日期：2015年2月24日

序号	日期	凭证编号	业务内容	收款方式 现金	收款方式 银行	收入金额/元	核对 1	2	3	4	5	6	7	备注
1	略	略	略	√		800								
2	略	略	略	√		2 000								
3	略	略	略		√	600 000								
4	略	略	略	√		600								
5	略	略	略		√	800 000								
6	略	略	略		√	550 000								
7	略	略	略	√		900								
8	略	略	略		√	700 000								
9	略	略	略	√		5 000								
10	略	略	略		√	500 000								

核对说明：
　1. 收款凭证与存入银行账户的借款单日期和金额相符。
　2. 收款凭证金额已计入现金日记账、银行存款日记账。
　3. 银行收款凭证与银行对账单核对相符。
　4. 收款凭证与销售发票、收据核对相符。
　5. 收款凭证的对应科目与付款单位的户名一致。
　6. 收款凭证账务处理正确。
　7. 收款凭证与对应科目（如销售或应收账款）明细账的记录一致。

有关测试说明及结论：

④ 现金和银行存款支出凭证内控测试记录（表1-20）。

表1-20　现金和银行存款支出凭证内控测试记录

被审计单位名称：美居建材有限公司　　　索引号：CS5-1-2　　　　　页次：
审计项目名称：　　　　　　　　　　　　　编制：王勤　　　　　　　日期：2015年2月22日
会计期间：　　　　　　　　　　　　　　　复核：吴立至　　　　　　日期：2015年2月24日

序号	日期	凭证编号	业务内容	付款方式		付出金额/元	核对								备注
				现金	银行		1	2	3	4	5	6	7	8	
1	略	略	略	√		800									
2	略	略	略	√		900									
3	略	略	略		√	300 000									
4	略	略	略	√		700									
5	略	略	略		√	600 000									
6	略	略	略		√	500 000									
7	略	略	略	√		600									
8	略	略	略		√	400 000									
9	略	略	略	√		1 000									
10	略	略	略		√	200 000									

核对说明：
1. 原始凭证付款具有核准人名称。
2. 原始凭证为合法的发票或收据。
3. 原始凭证的内容和金额与付款凭证摘要核对一致。
4. 付款凭证的授权批准手续齐全。
5. 付款凭证与计入现金、银行存款日记账金额一致。
6. 付款凭证与银行对账单核对一致。
7. 付款凭证与对应科目（如应付账款）明细账的记录一致。
8. 付款凭证账务处理正确。

有关测试说明及结论：

(2）完成货币资金报表项目审计记录。

① 货币资金审计程序表（表1-21）。

表1-21 货币资金审计程序表

被审计单位名称：美居建材有限公司　　索引号：A 01　　页次：
审计项目名称：　　　　　　　　　　　　编制：　　　　　　日期：
会计期间：　　　　　　　　　　　　　　复核：　　　　　　日期：

审计目标及程序	执行情况说明			
	是否适用	工作底稿索引	执行人	日期
一、审计目标 1．确定货币资金是否存在。 2．确定货币资金的收支记录是否完整。 3．确定库存现金、银行存款以及其他货币资金的余额是否正确。 4．确定货币资金在会计报表上的披露是否恰当。 二、审计程序 1．核对现金日记账、银行存款日记账与总账的余额是否相符。 2．会同被审计单位主管会计人员盘点库存现金，编制《库存现金盘点核对表》，分币种、面值列示盘点金额；资产负债表日后进行盘点时，应调整至资产负债表日的金额；盘点金额与现金日记账余额进行核对，如有差异，应查明原因并作出记录或做适当调整；若有充抵库存现金的借条、未提现支票、未作报销的原始凭证，需在《盘点表》中注明或作出必要的调整。 3．获取资产负债表日的《银行存款余额调节表》。经调节后的银行存款余额若有差异，应查明原因，作出记录或作适当的调整。 4．检查《银行存款余额调节表》中未达账项的真实性，以及资产负债表日后的进账情况，如存在应于资产负债表日前进账的，应做相应调整。 5．向所有的银行存款户（含外埠存款、银行汇票存款、银行本票存款、信用卡存款）函证年末余额。 6．银行存款中，如有1年以上的定期存款或限定用途的存款，要查明情况，作出记录。 7．抽查大额现金收支、银行存款（含外埠存款、银行汇票存款、银行本票存款、信用卡存款）支出的原始凭证内容是否完整，有无授权批准，并核对相关账户的进账情况。如有与委托人生产经营业务无关的收支事项，应查明原因，并作出相应的记录。 8．抽查资产负债表日前后若干天的大额现金、银行存款收支凭证，如有跨期收支事项，应做适当调整。 9．检查非记账本位币折合记账本位币所采用的折算汇率是否正确，折算差额是否已按规定进行会计处理。 10．验明货币资金是否已在资产负债表上恰当披露。				

② 货币资金审定表（表1-22）。

表1-22 货币资金审定表

被审计单位：美居建材有限公司　　　　编制人：　　　　　　　日期：　　索引号：A01-1
资产负债表日：　　　　　　　　　　　复核人：　　　　　　　日期：　　页次：

项　目	未审数 金　额	调整数 金　额	审定数	索引号
库存现金				
银行存款				
其他货币资金				
合　计				

审计说明及调整分录：
　　1. 对库存现金采用现时盘点，倒推期初即上期期末数的方式审核。
　　2. 对银行存款采用复核的方式进行验证，即将2014年12月31日止的报表数、银行对账单进行核对，检查其银行存款余额调节表的方式审查其真实性、准确性。

审计结论：

③ 库存现金审定表（1-23）。
④ 货币资金盘点表（表1-24）。

表1-23 库存现金审定表

被审计单位：美居建材有限公司　　编制人：　　　　日期：　　　　索引号：A01-1-1
资产负债表日：　　　　　　　　　复核：　　　　　日期：　　　　页次：

索引号	项目	金额	备注
	现金盘点日调整后现金余额		
	加：审计截止日至现金盘点日的支出		
	减：审计截止日至现金盘点日的收入		
	期末账面余额		
	调整：（1）		
	（2）		
	（3）		
	（4）		
	审定数		

审计说明及调整分录：　　　　　　　　　　　　　审计结论：

表1-24 货币资金盘点表

被审计单位：美居建材有限公司　　索引号：A01-1-1/1　　　　　页次：
审计项目名称：　　　　　　　　　编制人：　　　　　　　　日期：
资产负债表日：　　　　　　　　　复核人：　　　　　　　　日期：

实有现金盘点记录			项目	金额
货币面额	张数	金额		
100元			现金盘点日账面余额	
50元			加：未记账收入凭证（2张）	
20元				
10元				
5元			减：未记账付出凭证（0张）	
2元				
1元				
5角			盘点日调整后现金余额	
2角				
1角			实点现金	
5分			长款	
2分			短款	
1分				
合　计				

说明：
　　本次盘点日期为2015年2月23日下午，只包括出纳保管的库存现金，不包括收银台收取的现金，收银台收取的现金由收银员解缴基本户后，形成公司的银行存款。经盘点账实相符。

⑤ 银行存款审定表（表1-25）。

表1-25 银行存款审定表

被审计单位名称：美居建材有限公司　　索引号：A01-1-2　　　　　页次：1/1
审计项目名称：银行存款　　　　　　　　编制：王勤　　　　　　　日期：
会计期间或截止日：　　　　　　　　　　复核：　　　　　　　　　日期：

索引号	开户银行名称及账号	银行存款账面余额			银行对账单余额	调节相符	调整数	审定数
		原币	汇率	记账本位币				
A01-1-21	（略）							
	合　计							

审计说明及调整分录：

审计结论：

编制说明：
1. 银行存款包括其他货币资金存款，即外埠存款、银行汇票存款、银行本票存款、信用卡存款等。
2. 银行存款是人民币可直接记入记账本位币栏；如是外币应在原币金额前标明外币符号。
3. 调节相符打"√"；调节后不相符打"×"，并作说明。
4. 核对账面余额与银行对账单余额，并将银行存款余额调节表及对账单或询证函附后。
5. 银行存款余额调节表可由企业编制，但应对未达账项的内容及期后企业入账、银行收支情况予以审核，如有跨期收支事项，应做适当调整。

⑥ 银行存款余额调节表（表1-26）。

表1-26 银行存款余额调节表

被审计单位：美居建材有限公司　　　编制：王勤　　　日期：2015年2月24日　　　索引号：A01-1-21
资产负债表日：2014年12月31日　　　复核：　　　　　日期：　　　　　　　　　页次：

开户银行及账号：（略）　　　　　　　　　　　　　　　　　　　（币种：人民币）

企业银行存款日记账余额：599 900元						银行对账单余额：609 900元					
加：银收企未收			减：银付企未付			加：企收银未收			减：企付银未付		
日期	内容	金额	日期	内容	金额	日期	内容	金额	日期	内容	金额
—	—	—	—	—	—	—	—	—	2014年12月26日	预付广告费	10 000元
调整后余额：						调整后余额：					

注：此表一个银行账户填制一张，编号依次为A01-1-21、A01-1-22、A01-1-23等。

1.3.2 销售与收款业务循环审计

1. 销售与收款业务循环审计的相关资料

（1）销售与收款控制测试的情况。

王勤在项目负责人吴立至的指导下，为了确定该公司销售业务的真实、完整及会计处理是否正确，决定从该公司2014年度开具的销售发票的存单中选取若干张，核对销售合同和发运单，并检查会计处理是否符合规定。该公司2014年开具的发票2 000张，给销售发票连续编号为第0001号到第2000号，她从随机数表（表1-27）中抽取了10张发票样本。她以随机数表所列数字的后4位与发票号码一一对应，确定第2列第4行为起点，选号路线为自上而下，自左而右，她选出的10张销售发票样本的发票号码在表中用加粗字体表示出来。

王勤根据选出的10张销售发票，针对发票管理测试、收款管理测试、销售管理测试表上的测试内容逐一核对检查，核对相符及具有控制有效性的地方可以直接用"√"表示。测试结果表明，测试的项目均不存在偏差，测试的10笔销售业务的账面价值为850 000元，审计后认定的价值为850 000元，不存在误差，销售与收款控制是有效的。

表1-27 随机数表

行\列	1	2	3	4	5
1	10 480	15 011	01 536	02 011	81 647
2	22 368	46 573	25 595	85 313	30 995
3	24 130	48 360	22 527	97 265	76 393
4	42 167	93 093	06 243	61 680	01 856
5	37 570	39 975	81 837	16 656	06 121
6	77 921	06 907	11 008	42 751	27 756
7	99 562	72 905	56 420	69 994	91 872
8	96 301	91 977	05 463	07 792	18 876
9	89 759	14 342	63 661	10 281	17 453
10	85 475	36 857	53 342	53 988	51 060

（2）销售与收款循环所涉报表项目审计情况。

经过对销售与收款循环业务所涉及的报表项目进行细节测试，检查与审验结果如下：

① 应收票据。该公司全年共发生4笔应收票据业务，出票日分别为2013年9月12日、2013年4月18日、2013年6月12日、2013年10月20日。两笔为施工单位开具，两笔为装饰、装潢公司开具并承兑。前3笔均为3个月期限的无息票据，到期款均已收到，最后一笔为2015年1月20日到期，也已收到款项。审定金额为30万元。

② 应收账款、其他应收款、坏账准备。该单位应收账款账户不多，只11个明细账户，经函证，只有一家未回函，实施替代程序。具体为应收A施工单位、B施工单位、C施工单位欠款分别为80万元、70万元和65万元，其中C公司欠款为1年内，另两家欠款账龄为1～2年；自然人A、B、C分别欠款3万元、4.5万元和3.5万元，均为1年内欠款，且在2015年此次报表审计

前均已收回。A装饰公司、B装饰公司、C装饰公司、D装饰公司、E装饰公司分别欠款10万元、8.5万元、6万元、-5.3万元和4.8万元，A和C装饰公司欠款账龄为1～2年，其余均为1年内。A公司未回函，实施了替代程序，检查了原入账记录、原始凭证、出库单等内容，查证了欠款原因是存在质量纠纷。D装饰公司明细账为贷方余额，实为预收款，经查，本年已发货给对方。应作重分类处理，并计提少计的坏账准备。该公司自成立以来按期末应收账款余额的4%计提坏账准备，税务部门已同意该部分可以抵扣应纳税所得额。应收账款审定数为2 553 000元，坏账准备期初为41 666元，本年应计提为60 454元，期末坏账准备为102 120元。

该公司的其他应收款均为采购员外出采购借款。出差人员A、B、C分别借款1万元、1万元、1.2万元，经查阅相关控制环节无误，确认为32 000元。该公司未对该项内部业务暂垫款计提坏账准备。

③ 预收账款原报表项目填列数为0，查证后确认账面记录无误。但由于应收账款明细账贷方余额53 000元应列于本项目，重分类后确认其列报数应为53 000元。

④ 应交税费项目。为了查证该公司的应交税费情况，王勤要求对方提供本年应交和已交各种税费和应交款清单。该清单见表1-28。

表1-28 应交税金、其他应交款清单　　　　　　　　　　　　　单位：元

索引号	项目	期初数	本期应交数	本期已交数
	一、应交税金：			
	企业所得税	60 000	263 010	293 010
	增值税	0	313 700	313 700
	消费税	0	0	0
	营业税	0	0	0
	资源税	0	0	0
	土地增值税	0	0	0
	城镇土地使用税	0	2 000	2 000
	房产税	0	48 000	48 000
	车船使用税	0	960	960
	投资方向调节税	0	0	0
	城建税	0	21 959	21 959
	耕地占用税	0	0	0
	车船牌照税	0	800	800
	合　计	60 000	650 429	680 429
	二、其他应交款：			
	教育费用附加	0	9 411	9 411
	代扣代缴个人所得税	0	20 000	20 000

经检查，应调减的530元应交所得税，系调增提坏账准备2 120元引起，详见D10-1

（表1-125）：对相关税费计列成本费用项目检查，本期应交税费679 840元，其中列入应交增值税（已交税）313 700元、应付职工薪酬20 000元、营业税金及附加31 370元、管理费用51 760元。所得税费用263 010元。期末应交税费审定数为29 470元。对相关税费上交情况进行复核，确认本期实交相关税费709 840元。期末欠缴税费均为应清算的企业所得税。其中应交所得税是按未审会计报表的利润总额计算得到的，并检查了当年各月缴税申报表及预缴情况。检查增值税时，要求对方列一清单，然后复核增值税应交和实缴情况并附各月申报纳税情况，检查纳税凭证确认。清单见表1-29。

表1-29 增值税应交（已交）清单　　　　　　　　　　　　　　　单位：元

月 份	应交增值税（17%）			已交增值税
	销项税	进项税	应交数	
1	119 000	102 350	16 650	16 650
2	112 200	102 350	9 850	9 850
3	132 600	119 400	13 200	13 200
4	204 000	119 400	84 600	84 600
5	195 500	119 400	76 100	76 100
6	127 500	170 500	-43 000	—
7	85 000	102 350	-17 350	—
8	153 000	102 350	50 650	—
9	221 000	170 500	50 500	40 800
10	255 000	235 000	20 000	20 000
11	272 000	235 000	37 000	37 000
12	110 500	95 000	15 500	15 500
合 计	1 987 300	1 673 600	313 700	313 700

⑤ 主营业务收入。在进行了销售控制测试运行有效的情况下，对各月收入账进行复核检查，再进行确认。该公司的收入为含税收入，将各月含税收入换算为不含税收入的同时，对销项税进行检查核对。具体情况见表1-30。

表1-30 主营业务收入情况表　　　　　　　　　　　　　　　单位：元

索引号	项 目	未审含税收入	未审不含税收入
	一 月	819 000	700 000
	二 月	772 200	660 000
	三 月	912 600	780 000
	四 月	1 404 000	1 200 000
	五 月	1 345 500	1 150 000
	六 月	877 500	750 000
	七 月	585 000	500 000
	八 月	1 053 000	900 000

续表

索引号	项 目	未审含税收入	未审不含税收入
	九 月	1 521 000	1 300 000
	十 月	1 755 000	1 500 000
	十一月	1 872 000	1 600 000
	十二月	760 500	650 000
	合 计	13 677 300	11 690 000

⑥ 营业税金及附加。该企业的增值税为价外税，按其7%和3%计提的城市建设维护税和教育费附加列入此项目。故列入的营业税金及附加直接按各月的增值税的一定比例核实为31 370元。

⑦ 销售费用。在检查销售费用时，在测试销售控制有效的情况下，要求对方提供明细清单，再进行复核确认。清单见表1-31。

表1-31 销售费用明细表 单位：元

明细项目	发生额
运输费	89 240
装卸费	3 300
包装费	5 000
财产保险费	14 000
展览费	10 000
广告费	20 000
销售服务费	8 316
进销存职工工资	450 000
进销存职工福利费	8 000
进销存职工社会保险费	126 000
进销存职工住房公积金	36 000
进销存职工工会费	9 000
进销存职工教育经费	11 250
折旧费	402 340
其他费用	10 000
合 计	1 202 448

2. 销售与收款业务循环审计的实训操作

（1）销售与收款控制测试操作。

吴立至指导王勤在测试时，先从CS1-1-4所列表的内容开始测试和填列，然后依次测试和填列CS1-1-3、CS1-1-2、CS1-1-1，再填符合性测试底稿CS1-1，最后填列和核对程序表CS1。

① 销售与收款循环符合性测试程序表（表1-32）。

表1-32　销售与收款循环符合性测试程序

单位名称：美居建材有限公司　　　测试人员：王勤　　　日期：2015年2月22日　　　索引号：CS1
截止日：　　　　　　　　　　　　复核人员：吴立至　　日期：2015年2月24日　　　页次：

测试重点	常规测试程序	索引号
	1. 抽取销售发票，做如下检查： （1）核对销售发票、销售合同、销售订单所载明的品名、规格、数量、价格是否一致； （2）检查销售合同、赊销是否经核准； （3）核对相应的送货单副本，检查销售发票日期与送货日期是否一致； （4）检查销售发票中所列商品的单价并与商品价目表核对； （5）复核销售发票中列示的数量、单价和金额； （6）从销售发票追查至销售记账凭证或销售记账凭证汇总表； （7）从销售记账凭证或销售记账凭证汇总表追查至总分类账及明细账。 2. 抽取一定时期内的销售发票，检查其是否连续编号，有否缺号，作废发票的处理是否正确。 3. 抽取送货单，并与相关的销售发票核对，检查已发出的商品是否均已向顾客开出发票。 4. 检查销售退回、折让、折扣的核准： （1）检查销售退回是否具有对方税务局开具的有关证明； （2）检查销售退回和折让是否附有按顺序编号并经主管人员核准的贷项通知单； （3）检查退回的商品是否具有仓库签发的退货验收报告； （4）退货商品冲销会计记录是否正确； （5）销售退回与折让的批准与贷项通知单的签发职责是否分离； （6）现金折扣是否经过适当授权，授权人与收款人的职责是否分离。 5. 抽取收款凭证，做如下检查： （1）是否将记录收款与保管现金的职责分离； （2）收到货款是否开具收款收据； （3）是否定期核对记账、过账和送存银行的金额； （4）是否定期编制银行存款余额调节表，其编制人是否与出纳保持职责分离； （5）是否定期与顾客对账。	

测试说明：

测试结论：

② 销售与收款循环符合性测试工作底稿（表1-33）。

表1-33　销售与收款循环符合性测试工作底稿

单位名称：美居建材有限公司		测试人员：王勤	日期：2015年2月22日	索引号：CS1-1
截止日：		复核人员：吴立至	日期：2015年2月24日	页次：
程 序 号	查验过程记录			索引号
	测试情况： 测试结论：			

③ 销售与收款循环符合性测试之一——销售管理（表1-34）。

表1-34 销售与收款循环符合性测试之一——销售管理

单位名称：美居建材有限公司　　测试人员：王勤　　日期：2015年2月22日　　索引号：CS1-1-1
截止日：　　　　　　　　　　　复核人员：吴立至　　日期：2015年2月24日　　页次：

会计凭证	合同	出库	退回及折让			授权			测试意见
			仓库签收	税务局退回折让单	批准人	发货通知	价格批准	赊销批准	
			√	√	√	√	√	√	
			√	√	√	√	√	√	
			√	√	√	√	√	√	
			√	√	√	√	√	√	
			√	√	√	√	√	√	
			√	√	√	√	√	√	
			√	√	√	√	√	√	
			√	√	√	√	√	√	
			√	√	√	√	√	√	
			√	√	√	√	√	√	
略	略	略							

审计结论：

④ 销售与收款循环符合性测试之二——收款管理（表1-35）。

表1-35 销售与收款循环符合性测试之二——收款管理

被审计单位名称：美居建材有限公司　　　　索引号：CS1-1-2　　　　页次：
审计项目名称：　　　　　　　　　　　　　　编制：　　　　　　　　　日期：
会计期间：　　　　　　　　　　　　　　　　复核：　　　　　　　　　日期：

序号	会计凭证						附件							内部控制制度评价
	日期	凭证号	经济事项	贷方科目	填制人	审核人	日期	名称	自制凭证填制人	金额计算依据	批准人	支票日期	支票金额	
1	√	√	√	√	√	√	√	√	√	√	√	√	√	有效
2	√	√	√	√	√	√	√	√	√	√	√	√	√	有效
3	√	√	√	√	√	√	√	√	√	√	√	√	√	有效
4	√	√	√	√	√	√	√	√	√	√	√	√	√	有效
5	√	√	√	√	√	√	√	√	√	√	√	√	√	有效
6	√	√	√	√	√	√	√	√	√	√	√	√	√	有效
7	√	√	√	√	√	√	√	√	√	√	√	√	√	有效
8	√	√	√	√	√	√	√	√	√	√	√	√	√	有效
9	√	√	√	√	√	√	√	√	√	√	√	√	√	有效
10	√	√	√	√	√	√	√	√	√	√	√	√	√	有效

测试结论：

⑤ 销售发票内控测试记录（表1-36）。

表1-36　销售发票内控测试记录

被审计单位名称：美居建材有限公司　　　索引号：CS1-1-3　　　页次：
审计项目名称：　　　　　　　　　　　　编制：　　　　　　　　　日期：
会计期间：　　　　　　　　　　　　　　复核：　　　　　　　　　日期：

序号	发票号	购货单位名称	发票内容						销售合同		核对		会计凭证		核对			商品价目表 核对	备注
			日期	品名	规格	数量	单价	金额	日期	编号	1	2	日期	编号	4	5	6	7	
1	1977	略	略	略	略	略	略	略	略	略	√	√	略	略	√	√	√	√	
2	1536	略	略	略	略	略	略	略	略	略	√	√	略	略	√	√	√	√	
3	1008	略	略	略	略	略	略	略	略	略	√	√	略	略	√	√	√	√	
4	1680	略	略	略	略	略	略	略	略	略	√	√	略	略	√	√	√	√	
5	281	略	略	略	略	略	略	略	略	略	√	√	略	略	√	√	√	√	
6	1647	略	略	略	略	略	略	略	略	略	√	√	略	略	√	√	√	√	
7	995	略	略	略	略	略	略	略	略	略	√	√	略	略	√	√	√	√	
8	1856	略	略	略	略	略	略	略	略	略	√	√	略	略	√	√	√	√	
9	1872	略	略	略	略	略	略	略	略	略	√	√	略	略	√	√	√	√	
10	1060	略	略	略	略	略	略	略	略	略	√	√	略	略	√	√	√	√	

核对说明：
　1．与销售合同或销售订单所载明的品名、数量、金额一致。
　2．销售合同及赊销经主管核准。
　3．销售发票与送货单品名、数量、日期一致。
　4．发票内容、金额与记账凭证一致。
　5．发票销售额已正确记入销售明细账、应收账款（银行存款、现金）账。
　6．应交增值税计算正确。
　7．发票中商品单价与商品价目表持平。

有关测试说明及结论：

⑥ 销售发票内控测试记录（表1-37）。

表1-37 销售发票内控测试记录

被审计单位名称：美居建材有限公司　　　索引号：CS1-1-4　　　页次：
审计项目名称：　　　　　　　　　　　　编制：王勤　　　　　　日期：2015年2月22日
会计期间：　　　　　　　　　　　　　　复核：吴立至　　　　　日期：2015年2月24日

送货单编号	送货单内容						发票		核对				备注
	日期	品名	规格	数量	金额	日期	编号	1	2	3	4		
略	略	略	略	略	略	略	1977	√	√	√	√		
略	略	略	略	略	略	略	1536	√	√	√	√		
略	略	略	略	略	略	略	1008	√	√	√	√		
略	略	略	略	略	略	略	1680	√	√	√	√		
略	略	略	略	略	略	略	281	√	√	√	√		
略	略	略	略	略	略	略	1647	√	√	√	√		
略	略	略	略	略	略	略	995	√	√	√	√		
略	略	略	略	略	略	略	1856	√	√	√	√		
略	略	略	略	略	略	略	1872	√	√	√	√		
略	略	略	略	略	略	略	1060	√	√	√	√		

核对说明：
　1. 品名与送货单所列一致。
　2. 规格与送货单所列一致。
　3. 数量与送货单所列一致。
　4. 所列发票业经核准。

有关测试说明及结论：

（2）销售与收款业务报表项目审计操作。

① 应收票据项目审计。

a. 应收票据审计程序表（表1-38）。

表1-38　应收票据审计程序表

被审计单位名称：美居建材有限公司　　　索引号：A03　　　页次：
审计项目名称：　　　　　　　　　　　　编制：　　　　　　　日期：
会计期间或截止日：　　　　　　　　　　批准：　　　　　　　日期：

	执行情况说明			
	是否适用	工作底稿索引	执行人	日　期
一、审计目标 1. 确定应收票据是否存在。 2. 确定应收票据是否归被审计单位所有。 3. 确定应收票据增减变动的记录是否完整。 4. 确定应收票据是否有效，是否收回。 5. 确定应收票据年末余额是否正确。 6. 确定应收票据在会计报表上的披露是否恰当。 二、审计程序 1. 核对应收票据明细账与总账的余额是否相符。 2. 获取或编制资产负债表日应收票据明细表，并检查明细表各项余额的加计是否正确；从应收票据明细表总数追查到总分类账；抽查部分票据，检查其内容是否正确；将所查的票据项目追查到应收票据明细账，并与有关文件核对。 3. 监盘库存票据，并与应收票据登记簿的有关内容核对。 4. 抽取部分票据向出票人函证，以证实其存在性和可收回性。 5. 验明应收票据的利息收入是否均已正确入账。 6. 核对已贴现的应收票据，其贴现额与利息额的计算是否准确，会计处理方法是否恰当。 7. 验明应收票据是否已在资产负债表上恰当披露。				

b. 应收票据审定表（表1-39）。

表1-39　应收票据审定表

被审计单位名称：美居建材有限公司　　　索引号：A03-1　　　页次：
　　　　　　　　　　　　　　　　　　　编制：　　　　　　　日期：
会计期间或截止日：　　　　　　　　　　复核：　　　　　　　日期：

票种及编号	票据内容						期末未审数	逾期兑收原因	调整数	审定数
	出票者	受票者	出票日	到期日	票面利率	承兑单位	人民币			
1.（略）	（略）	本公司	2014年9月12日	2014年12月12日	0	（略）	0		0	0

续表

票种及编号	票据内容						期末未审数	逾期兑收原因	调整数	审定数
	出票者	受票者	出票日	到期日	票面利率	承兑单位	人民币			
2.（略）	（略）	本公司	2014年4月18日	2014年7月18日	0	（略）	0		0	0
3.（略）	（略）	本公司	2014年6月12日	2014年9月12日	0	（略）	0		0	0
4.（略）	（略）	本公司	2014年10月20日	2014年1月20日	0	（略）	300 000元		0	300 000元

审计说明及调整分录：

审计结论：

② 应收账款及坏账准备。

a. 应收账款审计程序表（表1-40）。

表1-40　应收账款审计程序表

被审计单位名称：美居建材有限公司　　索引号：A04　　　　页次：
审计项目名称：　　　　　　　　　　　　编制：　　　　　　　日期：
会计期间或截止日：　　　　　　　　　　批准：　　　　　　　日期：

	执行情况说明			
	是否适用	工作底稿索引	执行人	日　期
一、审计目标 1. 确定应收账款是否存在。 2. 确定应收账款是否归被审计单位所有。 3. 确定应收账款增减变动的记录是否完整。 4. 确定应收账款是否有效，是否收回。 5. 确定应收账款年末余额是否正确。 6. 确定应收账款在会计报表上的披露是否恰当。 二、审计程序 1. 核对应收账款明细账与总账的余额是否相符。 2. 获取或编制资产负债表日应收账款明细表，并检查明细表各项余额的加计是否正确；从应收账款明细表总数追查到总分类账；抽查部分应收款，检查其内容是否正确；将所查的账款项目追查到应收账款明细账，并与有关文件核对。 3. 函证大额应收账款及截止时的应收账款。 4. 抽取部分账龄长业务，检查可收回性。 5. 检查是否存在重分类错误。 6. 验明应收账款是否已在资产负债表上恰当披露。				

b. 应收账款审定表（表1-41）。

表1-41　应收账款审定表

被审计单位名称：美居建材有限公司　　索引号：A04-1　　　页次：
审计项目名称：应收账款　　　　　　　编制：　　　　　　　日期：
会计期间或截止日：　　　　　　　　　复核：　　　　　　　日期：

序号	户　名	主要内容	未审数及账龄分析				期后回收	函证	其他程序	调整数	审定数
			1年内	1～2年	2～3年	3年以上					
1	2	3	4	5	6	7	8	9	10	11	12
1	A施工单位	建材									
2	B施工单位	建材									
3	A自然人	灯具									
4	B自然人	灯具									

续表

序号	户 名	主要内容	未审数及账龄分析				期后回收	函证	其他程序	调整数	审定数
			1年内	1～2年	2～3年	3年以上					
5	C自然人	家具									
6	C施工单位	建材									
7	A装饰公司	建材									
8	B装饰公司	建材									
9	C装饰公司	建材									
10	D装饰公司	建材									
11	E装饰公司	建材									
	合 计										

编制说明：

1. 该单位应收账款账户不多，只11个明细账户，经函证，只有一家未回函，实施替代程序。
2. D装饰公司明细账为贷方余额，实为预收款，经查，本年已发货给对方，应作重分类处理，并计提少计的坏账准备。

    借：应收账款　　　53 000元
    　　贷：预收账款　　　53 000元

3. 该公司自成立以来按期末应收账款余额的4%计提坏账准备。

c. 其他应收款审定表（表1-42）。

表1-42 其他应收款审定表

被审计单位名称：美居建材有限公司　　索引号：A04-2　　页次：
审计项目名称：其他应收款　　　　　　编制：　　　　　　日期：
会计期间或截止日：　　　　　　　　　复核：　　　　　　日期：

序号	户名	主要内容	未审数及账龄分析				期后回收	函证	其他程序	调整数	审定数
			1年内	1～2年	2～3年	3年以上					
1	2	3	4	5	6	7	8	9	10	11	12
1	A采购员										
2	B采购员										
3	C采购员										
合计			32 000元								32 000元

编制说明：

d. 应收账款函询未回函替代程序检查表（表1-43）。

表1-43　应收账款函询未回函替代程序检查表

被审计单位名称：美居建材有限公司　　　索引号：A04-1-3　　　页次：
审计项目名称：　　　　　　　　　　　　编制：　　　　　　　　日期：
会计期间或截止日：　　　　　　　　　　复核：　　　　　　　　日期：

债务人名称	借方入账			审计日止是否收到	应收账款内容						欠款原因	审计确认意见
	日期	凭证号	金额		货名	编号	出库单号	发送方式	数量	金额		
A装饰公司	2009年11月	略	100 000元	无	略	1125	789	提货	略	100 000元	存在质量纠纷	100 000元
合　计												

审计结论：
　　该应收账款存在质量争议问题，但未发生诉讼事项，双方均在积极协商，故可以确认其真实存在。暂不能作坏账处理。

e. 坏账准备审定表（表1-44）。

表1-44　坏账准备审定表

被审计单位名称：美居建材有限公司　　　索引号：A04-3　　　　　页次：
　　　　　　　　　　　　　　　　　　　编制人：　　　　　　　　日期：
会计期间：　　　　　　　　　　　　　　复核人：　　　　　　　　日期：

年初余额（计提前）	本期增加		本期减少			期末数	调整数	审定数
	计提	其他转入	转销	转回	其他转出			

审计说明及调整分录［计提方法和比例是否恰当、计提（或转回）数额是否正确，需要调整的数额、分录及对报表的影响披露是否充分］：

f. 坏账准备计提方法审核表（表1-45）。

表1-45　坏账准备计提方法审核表

被审计单位名称：美居建材有限公司　　　索引号：A04-3-1　　　　页次：
　　　　　　　　　　　　　　　　　　　编制人：　　　　　　　　日期：
会计期间：　　　　　　　　　　　　　　复核人：　　　　　　　　日期：

被审计单位计提方法和比例	应收账款： 　　按期末应收账款期末余额的4%计提坏账准备。		其他应收款： 　　暂垫款不计提坏账，其他的应收款按4%计提。		
被审计单位确定该方法的理由	该公司一般只对一些建筑施工单位和装饰装潢公司实行大额赊销，凡超过10万元以上的赊销，一般均进行调查，签订合同，甚至要求对方提供相应担保。应收账款催收政策完善，故选择按总额的4%计提坏账比较合理。垫付款出差人员归后报销，故可不计提折旧。				
对被审计单位计提方法的合理性进行评价	获取企业以往的财务管理资料（应收账款部分），了解以往年度的赊销总额及坏账情况：		获取重要债务人财务状况方面的信息：		评价结果：
较为合理的计提方法或比例			理由：		影响额：
审核结论：					

③ 应交税费。

a. 应交税金审计程序表（表1-46）。

表1-46 应交税金审计程序表

被审计单位名称：美居建材有限公司　　索引号：B06（1//2）　　页次：
审计项目名称：应交税费用　　　　　　　编制：　　　　　　　　　日期：
会计期间或截止日：　　　　　　　　　　批准：　　　　　　　　　日期：

	执行情况说明			
	是否适用	工作底稿索引	执行人	日期
一、审计目标 1．确定应交和已缴税金的记录是否完整、正确。 2．确定应交税金的年末余额是否正确。 3．确定应交税金在会计报表上的披露是否充分。 二、审计程序 1．获取或编制应交税金明细表，复核加计数是否准确，并与明细账、总账和报表核对相符。 2．查阅被审计单位纳税鉴定或纳税通知及征、免、减税批准文件，了解被审计单位适用的税种、计税基础、税率，以及征、免、减税的范围及期限，确认其年度内应纳税项的内容。 3．检查应交增值税的计算是否正确： 　　根据与增值税进项税额转出相关账户审定的有关数据，复核国内采购货物、进口货物、购进和免税农产品、接受投资或捐赠接受应税劳务等应计的进项税额是否按规定进行了会计处理； 　　根据与增值、税销项税额相关账户审定的有关数据，复核存货销售或将存货用于投资、无偿馈赠他人、分配给股东（或投资者）应计的销项税额，以及将自产、委托加工的产品用于非应税项目应计的销项税额是否正确计算，是否按规定进行会计处理； 　　根据与增值税进项税额转出相关账户审定的有关数据，复算因存货改变用途或发生非常损失应计的进项税额转出数是否正确计算，是否按规定进行会计处理；检查出口货物退税的计算是否正确，是否按规定进行了会计处理。 4．检查应交营业税的计算是否正确，是否按规定进行了会计处理。 5．检查应交消费税的计算是否正确，是否按规定进行了会计处理。 6．检查应交资源税的计算是否正确，是否按规定进行了会计处理。 7．检查应交土地增值税的计算是否正确，是否按规定进行了会计处理。 8．确定应纳税所得额及企业所得税税率，复核应交企业所得税的计算是否正确，是否按规定进行了会计处理。 9．检查除上述税项外的其他税项的计算是否正确，是否按规定进行了会计处理。 10．核对年初应交税金与税务机关的认定数是否一致，如有差额，查明原因作出记录，必要时，做适当记录。 11．确定本年度应缴纳的税款，检查有关账簿记录和缴税凭证，确认本年度已交税款和年末未交税款。 12．验明应交税金是否已在资产负债表上充分披露。				

b. 其他应交款审计程序表（表1-47）。

表1-47 其他应交款审计程序表

被审计单位名称：美居建材有限公司　　索引号：B06（2/2）　　页次：
审计项目名称：其他应交款　　　　　　编制：　　　　　　　　日期：
会计期间或截止日：　　　　　　　　　批准：　　　　　　　　日期：

	执行情况说明			
	是否适用	工作底稿索引	执行人	日　期
一、审计目标 1. 确定其他应交款的发生及支付记录是否完整。 2. 确定其他应交款的年末余额是否正确。 3. 确定其他应交款在会计报表上的披露是否充分。 二、审计程序 1. 获取或编制其他应交款明细表，复核加计数是否准确，并与明细账、总账和报表核对相符。 2. 检查教育费附加等款项的计算是否正确，是否按规定进行了会计处理。 3. 验明其他应交款是否已在资产负债表上充分披露。				

c. 应交税金、其他应交款审定表（表1-48）。

表1-48 应交税金、其他应交款审定表

被审计单位名称：美居建材有限公司　　索引号：B06-1　　　　页次：
　　　　　　　　　　　　　　　　　　编制：　　　　　　　　日期：
会计期间或截止日：　　　　　　　　　复核：　　　　　　　　日期：

索引号	项　目	期初数/元	本期应交数/元	本期已交数/元	期末未交（审）数/元	调整数/元	审定数/元
	一、应交税金：						
	企业所得税	60 000	263 010	293 010	30 000	-530	29 470
	增值税	0	313 700	313 700	0	0	0
	消费税	0	0	0	0	0	0
	营业税	0	0	0	0	0	0
	资源税	0	0	0	0	0	0
	土地增值税	0	0	0	0	0	0
	城镇土地使用税	0	2 000	2 000	0	0	0
	房产税	0	48 000	48 000	0	0	0
	车船使用税	0	960	960	0	0	0

续表

索引号	项 目	期初数/元	本期应交数/元	本期已交数/元	期末未交（审）数/元	调整数/元	审定数/元
	投资方向调节税	0	0	0	0	0	0
	城建税	0	21 959	21 959	0	0	0
	耕地占用税	0	0	0	0	0	0
	车船牌照税	0	800	800	0	0	0
	合 计	60 000	650 429	680 429	0	−530	29 470
	二、其他应交款：						
	教育费用附加	0	9 411	9 411	0	0	0
	代扣代缴个人所得税	0	20 000	20 000	0	0	0

审计说明及调整分录：

　　1．调整的530元应交所得税系少计提坏账准备2 120元引起，详见D10-1（表1-125）。

　　2．本期应交税费679 840元，其中应交增值税（已交税）313 700元、应付职工薪酬20 000元，营业税金及附加31 370元，管理费用51 760元，所得税费用263 010元。

审计结论：

编制说明：1．期初、期末如多交，在金额前用"−"号。
　　　　　2．应交税金、其他应交款应分别作审计结论。
　　　　　3．附：应交增值税审定表［见D04-1（表1-52）］。

④ 主营业务收入。

a. 主营业务收入审计程序表（表1-49）。

表1-49　主营业务收入审计程序表

被审计单位名称：美居建材有限公司　　索引号：D01　　页次：
　　　　　　　　　　　　　　　　　　编制：　　　　　日期：
会计期间：　　　　　　　　　　　　　批准：　　　　　日期：

	执行情况说明			
	是否适用	工作底稿索引	执行人	日　期
一、审计目标 1．确定产品销售收入的记录是否完整。 2．确定产品销售退回、销售折让是否经授权批准，并及时入账。 3．确定产品销售收入发生额是否正确。 4．确定产品销售收入在会计报表上的披露是否恰当。 二、审计程序 1．获取或编制产品销售收入明细表，复核加计是否正确，并与明细账和总账的余额核对相符。 2．将本年度的销售收入与上年的销售收入进行比较，分析产品销售的结构和价格变动是否正常，并分析异常变动的原因。 3．比较本年度各月各种产品销售收入波动情况，分析其变动趋势是否正常，并查明异常现象和重大波动的原因。 4．抽查销售业务的原始凭证（发票、运货单据），并追查至记账凭证及明细账，确定销售收入是否真实，销售记录是否完整。 5．实施截止日测试，抽查资产负债表日前后的销售收入与退货记录，检查销售业务的会计处理有无跨年度现象，对跨年度重大销售项目应予调整。 6．结合对资产负债表日应收账款的函询程序，查明有无未经认可的大额销售。 7．检查销售退回与折让的手续是否符合规定，是否按规定进行了会计处理。 8．检查以外币结算的主营业务收入的折算方法是否正确。 9．查明主营业务收入的确认原则、方法是否符合会计准则、制度规定的收入实现条件，前后期是否一致。 10．检查集团内部销售的情况，记录其交易价格、数量和金额，并追查在编制合并会计报表时是否予以抵消。 11．验明产品销售收入是否在损益表上恰当披露。				

b. 主营业务收入审定表（表1-50）。

表1-50　主营业务收入审定表

被审计单位名称：美居建材有限公司　　　索引号：D01-1　　　页次：
　　　　　　　　　　　　　　　　　　　编制：王勤　　　　　日期：
会计期间或截止日：　　　　　　　　　　复核：　　　　　　　日期：

索引号	项目	未审含税收入/元	未审不含税收入/元	调整数/元	审定数/元
	一月	819 000	700 000	0	
	二月	772 200	660 000	0	
	三月	912 600	780 000	0	
	四月	1 404 000	1 200 000	0	
	五月	1 345 500	1 150 000	0	
	六月	877 500	750 000	0	
	七月	585 000	500 000	0	
	八月	1 053 000	900 000	0	
	九月	1 521 000	1 300 000	0	
	十月	1 755 000	1 500 000	0	
	十一月	1 872 000	1 600 000	0	
	十二月	760 500	650 000	0	
	合计	13 677 300	11 690 000	0	

审计说明及调整分录：

1. 经销售与收款测试具体见CS1、CS1-1、CS1-1-1、CS1-1-2、CS1-1-3和CS1-1-4等，该公司的销售与收款管理制度运行有效，且该公司主要销售仍然是柜台销售，销售发票与提货单等资料完善，收银员每天的收银于当天16:30送存银行，并将缴款回单送交财务室。

2. 销售折扣一般按折扣后的价格入账，未发现质量等原因造成的折让。

3. 该公司每月按含税销售收入入账，月末将含税收入换算成不含税销售收入，并从收入中将销项税中冲减出来。全年销项税为1 987 300元。

4. 对12月月末大额销售进行截止测试，未发现不正常赊销等情况。

5. 与以前年同期对比分析，各月销售情况未见异常情况。

审计结论：

⑤ 营业税金及附加。

a. 营业税金及附加审计程序表（表1-51）。

表1-51 营业税金及附加审计程序表

被审计单位名称：美居建材有限公司　　索引号：D04　　页次：

编制：　　日期：

会计期间：　　批准：　　日期：

	执行情况说明			
	是否适用	工作底稿索引	执行人	日　期
一、审计目标 1．确定主营业务税金及附加的记录是否完整。 2．确定主营业务税金及附加的计算是否正确。 3．确定主营业务税金及附加在会计报表上的披露是否恰当。 二、审计程序 1．获取或编制主营业务税金及附加明细表、复核加计正确，并与报表数、总账数和明细账合计数核对相符。 2．确定纳税范围、税种是否符合国家规定。 3．根据审定的应税消费品销售额（或数量），按规定的适用税率计算复核本年度应纳消费税税额。 4．根据审定的应纳资源税产品的课税数量，按规定的适用税率计算复核本年度应纳资源税税额。 5．根据审定的当期应纳营业税的主营业务收入，按规定的税率分项计算，复核本期应纳营业税税额。 6．检查城建税、教育费附加的计算是否正确。 7．复核各项税费与应交税金，其他应交款等项目的勾稽关系。 8．确定被审计单位减免税项目是否真实，理由是否充分，手续是否完备。 9．验明销售税金及附加是否已在损益表上恰当披露。				

b. 营业税金及附加审定表（表1-52）。

表1-52 营业税金及附加审定表

被审计单位名称：美居建材有限公司　　索引号：D04-1　　页次：

编制：　　日期：

会计期间或截止日：　　复核：　　日期：

月份	应交增值税（17%）			已交增值税/元	应交城建税		教育费附加		合计金额/元
	销项税/元	进项税/元	应交数/元		税率/元	金额/元	征收率	金额/元	
1	119 000	102 350	16 650	16 650					
2	112 200	102 350	9 850	9 850					
3	132 600	119 400	13 200	13 200					

续表

月 份	应交增值税（17%）			已交增值税/元	应交城建税		教育费附加		合计金额/元
	销项税/元	进项税/元	应交数/元		税率/元	金额/元	征收率	金额/元	
4	204 000	119 400	84 600	84 600					
5	195 500	119 400	76 100	76 100					
6	127 500	170 500	−43 000	—					
7	85 000	102 350	−17 350	—					
8	153 000	102 350	50 650	—					
9	221 000	170 500	50 500	40 800					
10	255 000	235 000	20 000	20 000					
11	272 000	235 000	37 000	37 000					
12	110 500	95 000	15 500	15 500					
未审数	1 987 300	1 673 600	313 700	313 700					
调整数	0	0	0	0					
审定数	1 987 300	1 673 600	313 700	313 700					

审计说明及调整分录：

审计结论：

编制说明：应与应交税金、其他应交款审定表相勾稽。

⑥ 销售费用。

a. 销售费用审计程序表（表1-53）。

表1-53　销售费用审计程序表

被审计单位名称：美居建材有限公司　　　　索引号：D03　　　　　　页次：
　　　　　　　　　　　　　　　　　　　　编制：　　　　　　　　　日期：
会计期间：　　　　　　　　　　　　　　　　批准：　　　　　　　　　日期：

	执行情况说明			
	是否适用	工作底稿索引	执行人	日　期
一、审计目标 1. 确定销售费用的记录是否完整。 2. 确定销售费用的计算是否正确。 3. 确定销售费用在会计报表上的披露是否恰当。 二、审计程序 1. 获取或编制销售费用明细表，检查其明细项目的设置是否符合规定的核算内容与范围，并与明细账核对相符。 2. 将本年度的销售费用与上年度的营业费用进行比较，并将本年度各个月份的产品销售费用进行比较，如有重大波动和异常情况应查明原因。 3. 选择重要或异常的销售费用项目，检查其原始凭证是否合法、会计处理是否正确，必要时，对营业费用实施截止日测试，检查有无跨期入账的现象，对于重大跨期项目，应做必要调整。 4. 验明销售费用是否已在损益表上恰当披露。				

b. 销售费用审定表（表1-54）。

表1-54　销售费用审定表

被审计单位名称：美居建材有限公司　　　　索引号：D03-1　　　　　页次：
　　　　　　　　　　　　　　　　　　　　编制：　　　　　　　　　日期：
会计期间或截止日：　　　　　　　　　　　　复核：　　　　　　　　　日期：

索引号	项　目	总账金额/元	明细账金额/元		备　注
	本期发生（未审）数				
	本期转出数				
	调整数				
	审定数				
查证情况：					
	明细项目	未审数/元	调整数/元	审定数/元	备　注
	运输费				
	装卸费				
	包装费				
	财产保险费				

续表

明细项目	未审数/元	调整数/元	审定数/元	备 注
展览费				
广告费				
销售服务费				
进销存职工工资				
进销存职工福利费				
进销存职工社会保险费				
进销存职工住房公积金				
进销存职工工会费				
进销存职工教育经费				
折旧费				
其他费用				
合 计				

审计说明及调整分录：

1. 审核中发现该公司销售费用中将进销存过程中的职工薪酬费用均计入其中，因该企业是零售性质，这样是可以的。

2. 其他费用是指未列入上述项目的其他销售费用合计数。

审计结论：

1.3.3　采购与付款业务循环审计

1. 采购与付款业务循环审计的相关资料

（1）采购与付款内控测试情况。

李缘在吴立至的指导下，完成采购与付款内控的测试。李缘对本年的商品入库单进行编号，一共132份，采用系统抽样方法进行测试，抽取的样本共11份，抽取间隔为11，从第10份开始抽取，共抽取了第21、32、43、54、65、76、87、98、109、120、131号入库单进行测试。李缘按照该公司采购与付款循环符合性测试程序表的导引，检查了每一样本在购货合同、请购单、付款管理等控制环节内控制度的运行有效性。确认该公司的采购与付款内控制度存在并得到有效执行。

李缘按CS2-1-3、CS2-1-2、CS2-1-1、CS2-1、CS2的顺序测试和填列，核对相符或存在相关授权控制时以"√"填列，李缘在检查测试的过程中没有发现偏差。

（2）采购与付款循环业务相关报表项目审计情况。

① 固定资产及折旧。李缘首先要求被审计单位提供固定资产清单，固定资产账面价值情况，根据清单进行盘点与检查，核对数量及检查是否存在减值现象。清单见表1-55。

表1-55 固定资产清单

类 别	项 目	账面数		存放地点
		数 量	金额/万元	
房屋建筑物	营业楼	1	560	—
	办公楼	1	87	—
	门 楼	0	—	—
	合 计	2	647	
运输设备	大货车	3	105	车 库
	中小货车	5	35	车 库
	小轿车	1	13	车 库
	合 计	10	153	
电子设备	电 脑	16	9	办公用
	打印机	6	1	办公用
	复印机	2	1	办公用
	数码相机	2	1.1	办公用
	发电机	2	1.9	配电室
	合 计	30	14	
其他设备	办公桌	16	5	办公用
	货 柜	10	3	柜 台
	其 他	4	1	仓 库
	合 计	30	9	

经全面盘点，除列入长期待摊费用的门楼费应从长期待摊费用中转入固定资产外，其他各项固定资产的账面数与盘点数一致。其他设备中的办公桌、货柜是指应列和已列入固定资产的成套桌椅、柜台。

接着李缘检查了本年增减固定资产及其折旧情况，固定资产增减情况及其折旧清单如下：本年6月购电脑5台，价值2万元，已提折旧1 250元，本年9月购入应列入固定资产的办公桌4台，价值1万元，已提折旧500元。两项资产的价值及折旧计算经复核和查证，账务处理正确，金额计算无误。本年9月减少1辆卡车，列入固定资产清理，原价32万元，年初折旧11万元，本期1—9月计提折旧1万元，该项固定资产的累计折旧12万元。经检查报废手续及审批情况，确认减少情况属实。

但通过询问，了解到该公司12月份交付的门楼费用共计53万元列入了长期待摊费用，应调整为固定资产。12月份增加，无须追加计提折旧。

此外，对各项固定资产的折旧情况进行检查和复核。经检查复核，固定资产折旧计算正确，可以确认，本期计提折旧数为47万元，累计折旧期末数审定为153万元。折旧清单见表1-56。

表1-56 固定资产及累计折旧审定表   单位：元

累计折旧（按类别）	期初余额	本期增加	本期减少	期末账面未审数
房屋建筑物	750 000	240 200	0	990 200
运输设备	380 000	210 000	120 000	470 000
电子设备	30 000	12 000	0	42 000
其他设备	20 000	7 800	0	27 800
合 计	1 180 000	470 000	120 000	1 530 000

② 固定资产清理。本年9月因事故一辆大货车报废后清理，查证情况属实，清理程序合法，相关凭证真实。该货车原价32万元，已提折旧12万元，发生清理费用1万元，保险赔款及零星收入共计6万元，清理的净损失为15万元。已清理完毕，期末审定数为0。

③ 无形资产、长期待摊费用及其他资产。李缘首先取得无形资产清单，检查相关无形资产权证，确认其所有权。然后核实其价值，检查摊销年限与方法。经检查确认本期无形资产摊销为20万元，期末审定数为150万元，无调整事项。对长期待摊费用进行核实，在核实的过程中，发现门楼费用53万元符合固定资产的条件，应调整计入固定资产。长期待摊费用审定数为47万元。无形资产、长期待摊费用及其摊销清单见表1-57。

④ 营业外收支。经检查，营业外收入为没收的押金20 000元，营业外支出为固定资产清理损失15万元。

⑤ 应付票据。经查阅相关凭证，期末应付票据款为应付某新型墙体材料公司的货款，合同真实，该票据为无息商业承兑票据，检查会计处理正确，该票据款已于2015年2月15日付款。查证期初的10万元票据款到期时已支付，查阅相关资料及账务处理无误，可以确认。

表1-57 无形资产、长期待摊费用及其摊销清单

序号	内容	发生日期	原始发生金额/万元	摊销期限/年	月摊销额/万元	期初余额（摊余额）/万元	本期摊销额	减值	期末数/万元
	无形资产								
1	土地使用权	2010年1月	150	50	0.25	129	3	0	126
2	新墙体材料销售许可权	2015年1月	36	6	0.5	24	6	0	18
3	某家具销售许可权	2014年1月	6	5	0.1	2.4	1.2	0	1.2
4	某灯具销售许可权	2015年1月	12	4	0.25	6	3	0	3
5	某地板砖销售许可权	2014年1月	12	4	0.25	3	3	0	0
6	美居商标	2009年1月	18	10	0.15	3.6	1.8	0	1.8
7	某许可权	2016年1月	4	2	0.166	2	2	0	0
	合 计		238		1.666	170	20	0	150
	长期待摊费用								
1	门楼及店内重新装修	本年9—12月	100	10	0.83	100	0	0	100

⑥ 预收账款及应付账款、其他应付款。预收账款原报表列报数为0，重分类调入53 000元。其他应付款为收取销售地板砖某装饰公司预交的押金，检查合同及相关凭证后确认。应付账款数额较大，在付款控制测试有效的情况下，抽查了部分应付账款进行函证，未收到函证

的，采用了核对合同、察看实物等替代程序，检查均无偏差，也无重分类情况，抽查的金额比例为64%。故确认应付账款期末数为5 387 150元。抽查及替代程序情况见表1-58。

表1-58 应付账款抽查函证及替代程序检查表

序号	户名	主要内容	未审数及账龄分析				期后支付数	函证	其他程序
			1年内	1～2年	2～3年	3年以上			
1	2	3	4	5	6	7	8	9	10
1	A供应商	代销墙体材料	465 350元						核对合同、察看实物
2	B供应商	家具	25万元	5万元			10万元		核对合同、察看实物
3	C供应商	家具	25万元	5万元			20万元		核对合同、察看实物
4	D供应商	灯具	20万元	5万元			10万元		核对合同、察看实物
5	E供应商	灯具	35万元	3万元			25万元		核对合同、察看实物
6	F供应商	A型地板	25万元	10万元			10万元		核对合同、察看实物
7	G供应商	B型地板	30万元	12万元			30万元		核对合同、察看实物
8	H供应商	钢材	70万元	10万元				√	
9	I供应商	铝材	30万元					√	
10	J供应商	厨卫设备	30万元	0				√	
11	K供应商	水暖器材	10万元	0				√	
抽查金额合计（比例64%）			346 5350元	50万元			105万元		

⑦ 管理费用。在对管理费用进行审计时，李缘首先编制了管理费用明细表，汇总了各项目1—12月的汇总数，然后进行审核，抽检大额费用的相关凭证，与对应账户核对等，确认无误，本期发生额为606 118元。

表1-59 管理费用清单

序号	项目	本年汇总数/元
1	工资	180 000
2	福利费	3 800
3	社会保险费	50 400
4	工会经费	3 600
5	职工教育经费	4 500
6	住房公积金	14 400
7	折旧费	67 658
8	业务招待费	10 000
9	开办费摊销	0
10	无形资产摊销	200 000
11	低值易耗品摊销	0
12	办公费	14 000
13	绿化费	3 000
14	排污费	3 000
15	列入管理费用的税费	51 760

2. 采购与付款业务循环审计的实训操作

(1) 采购与付款内控测试。

请根据上述检查情况,完成李缘在测试与检查时的相关记录,特别注意测试说明与测试结论的填制。

① 采购与付款循环符合性测试程序表(表1-60)。

表1-60 采购与付款循环符合性测试程序表

被审计单位名称:美居建材有限公司 截止日:	测试人员:李缘 复核人员:吴立至	日期:2015年2月22日 日期:2015年2月24日	索引号:CS2 页次:1/1

测试重点	常规测试程序	索引号
	1. 抽取购货合同(或其他凭证),对购货合同及请购单的下列内容进行核对: (1) 货物名称、规格、型号、请购量; (2) 授权批准、批准采购量、采购限价; (3) 单价、合计金额等。 2. 审核与所抽取购货合同有关的供应商发票、验收报告、入库单、付款结算凭证、记账凭证,并追查至相关的明细账与总账。 3. 固定资产和在建工程内部控制的符合性测试: (1) 抽取新增固定资产和在建工程项目有无预算,是否经过授权批准; (2) 抽取在建工程中付款是否均具有相应发票或其他原始凭证; (3) 抽取已完工在建工程转入的固定资产是否办理竣工验收和移交使用手续; (4) 抽取固定资产的折旧方法和折旧率是否符合规定,前后期是否一致; (5) 抽取固定资产的毁损、报废、清理是否经过技术鉴定和授权批准; (6) 抽取固定资产定期盘点制度是否得到遵循。 4. 付款业务内部控制的符合性测试。抽取付款凭证,做如下检查: (1) 检查是否实行费用预算控制,是否明确款项支付权限; (2) 编制付款凭证时,是否与订购合同、预(决)算计划、验收单和发票相核对; (3) 检查支付货款的付款凭证和银行存款日记账及有关明细账及总分类账的记录是否正确; (4) 核对检查计入有关明细账户的原始凭证,如订货单、验收单、购买发票的正确性、合法性及其金额是否与相关明细账一致,有关凭证是否经过批准; (5) 款项支付凭证是否及时入账,货款支出与记账的职责是否分离。	

测试说明:

测试结论:

② 采购与付款循环符合性测试工作底稿（表1-61）。

表1-61 采购与付款循环符合性测试工作底稿

被审计单位名称：美居建材有限公司　　测试人员：李缘　　日期：　　索引号：CS2-1
截止日：　　　　　　　　　　　　　　复核人员：　　　　日期：　　页次：

程序号	查验过程记录	索引号
	测试情况：	
	测试结论：	

③ 进行购货合同、请购单内控测试（表1-62）。

表1-62 购货合同、请购单内控测试记录

被审计单位名称：美居建材有限公司　　测试人员：　　　　日期：　　　　索引号：CS2-1-1
截止日：　　　　　　　　　　　　　　　复核人员：　　　　日期：　　　　页次：

序号	合同或请购单号	供货单位名称	购货合同、请购单内容						购货合同		核对			入库单		核对		会计凭证
			日期	货物名称	规格	数量	单价	金额	日期	编号				日期	编号			已核无误
											1	2				3	4	5			6	7	

序号	合同或请购单号	供货单位名称	日期	货物名称	规格	数量	单价	金额	核对1	核对2	日期	编号	核对3	核对4	核对5	日期	编号	核对6	核对7	已核无误
1	略	略	略	略	略	略	略	略			略	略				略	略			
2	略	略	略	略	略	略	略	略			略	略				略	略			
3	略	略	略	略	略	略	略	略			略	略				略	略			
4	略	略	略	略	略	略	略	略			略	略				略	略			
5	略	略	略	略	略	略	略	略			略	略				略	略			
6	略	略	略	略	略	略	略	略			略	略				略	略			
7	略	略	略	略	略	略	略	略			略	略				略	略			
8	略	略	略	略	略	略	略	略			略	略				略	略			
9	略	略	略	略	略	略	略	略			略	略				略	略			
10	略	略	略	略	略	略	略	略			略	略				略	略			
11	略	略	略	略	略	略	略	略			略	略				略	略			

核对说明：

1. 采购合同经过授权批准。
2. 采购金额未超过采购限量、限价。
3. 购货发票的单价与购货合同一致。
4. 购货发票的品名、数量与购货合同一致。
5. 购货发票的金额与购货合同一致。
6. 入库单的品名与发票内容一致。
7. 入库单有保管员和经手人签名。
8. 发票货额与付款结算凭证一致。
9. 付款凭证有经手人和主管签名。
10. 进项税金账务处理正确。
11. 发票货款正确计入材料采购（原材料）账户和应付账款（银行存款、现金）账户。

测试说明及结论：

④ 采购与付款循环符合性测试之一——采购管理（表1-63）。

表1-63 采购与付款循环符合性测试之一——采购管理

被审计单位名称：美居建材有限公司　　　索引号：CS2-1-2　　　页次：
审计项目名称：　　　　　　　　　　　　编制：　　　　　　　　日期：
会计期间：　　　　　　　　　　　　　　复核：　　　　　　　　日期：

会计凭证									订购合同或请购清单				仓库			授权		测试意见
日期	凭证编号	贷方会计科目	入库单号	入库物资品名	规格	入库数量	入库单日期	单价	金额	规格	数量	单价	交货日期	批准人	收货记录及日期	质量验货人	数量验货人	批准付款	价格变动批准人
√	√	√	√	√	√	√	√	√	√	√	√	√	√	√	√	√	√	√	
√	√	√	√	√	√	√	√	√	√	√	√	√	√	√	√	√	√	√	
√	√	√	√	√	√	√	√	√	√	√	√	√	√	√	√	√	√	√	
√	√	√	√	√	√	√	√	√	√	√	√	√	√	√	√	√	√	√	√
√	√	√	√	√	√	√	√	√	√	√	√	√	√	√	√	√	√	√	
√	√	√	√	√	√	√	√	√	√	√	√	√	√	√	√	√	√	√	
√	√	√	√	√	√	√	√	√	√	√	√	√	√	√	√	√	√	√	√
√	√	√	√	√	√	√	√	√	√	√	√	√	√	√	√	√	√	√	
√	√	√	√	√	√	√	√	√	√	√	√	√	√	√	√	√	√	√	

审计结论：

⑤ 采购与付款循环测试之二——付款管理测试（表1-64）。

表1-64　采购与付款循环符合性测试之二——付款管理

被审计单位名称：美居建材有限公司　　　索引号：CS2-1-3　　　页次：
审计项目名称：　　　　　　　　　　　　编制：　　　　　　　　　日期：
会计期间：　　　　　　　　　　　　　　复核：　　　　　　　　　日期：

序号	会计凭证							附件					付出支票日期	付出支票金额	内部制度评价
	日期	凭证号	经济事项	借方科目	金额	填制人	审核人	日期	名称	经办人	实物验收人	批准人			
1	√	√	√	√	√	√	√	√	√	√	√	√	√	√	
2	√	√	√	√	√	√	√	√	√	√	√	√	√	√	
3	√	√	√	√	√	√	√	√	√	√	√	√	√	√	
4	√	√	√	√	√	√	√	√	√	√	√	√	√	√	
5	√	√	√	√	√	√	√	√	√	√	√	√	√	√	
6	√	√	√	√	√	√	√	√	√	√	√	√	√	√	
7	√	√	√	√	√	√	√	√	√	√	√	√	√	√	
8	√	√	√	√	√	√	√	√	√	√	√	√	√	√	
9	√	√	√	√	√	√	√	√	√	√	√	√	√	√	
10	√	√	√	√	√	√	√	√	√	√	√	√	√	√	
11	√	√	√	√	√	√	√	√	√	√	√	√	√	√	

审计结论：

（2）采购与付款循环业务所涉报表项目审计的实训操作。

① 固定资产及累计折旧。

a. 固定资产及其累计折旧审计程序表（表1-65）。

表1-65　固定资产及其累计折旧审计程序表

被审计单位名称：美居建材有限公司　　索引号：A07　　页次：
　　　　　　　　　　　　　　　　　　　编制：　　　　　　日期：
会计期间或截止日：　　　　　　　　　　复核：　　　　　　日期：

目标及程序	执行情况说明			
	是否适用	工作底稿索引	执行人	日　期
一、审计目标 1. 确定固定资产是否存在。 2. 确定固定资产是否归被审计单位所有。 3. 确定固定资产及其累计折旧增减变动的记录是否完整。 4. 确定固定资产的计价和折旧政策是否恰当。 5. 确定固定资产及其累计折旧年末余额是否正确。 6. 确定固定资产在会计报表上的披露是否恰当。 二、审计程序 1. 获取或编制固定资产及其累计折旧分类汇总表，获取未使用、不需用固定资产明细表。复核加计数是否正确并与明细账和总账的余额核对相符。 2. 对固定累计折旧进行分析性复核。 3. 检查本年度增加固定资产的计价是否正确，凭证手续是否齐备；对已经交付使用但尚未办理竣工结算等手续的固定资产，检查其是否暂估入账，并按规定计提折旧；检查资本性支出与收益性支出的划分是否恰当。 4. 实地抽查部分新增固定资产，确定其是否实际存在。 5. 抽查有关所有权证明文件，确定固定资产是否归被审计单位所有。 6. 抽查本年度减少的固定资产是否经授权批准，是否正确及时入账。 7. 复核固定资产保险范围、数额是否足够。 8. 获取租入（含融资租入）、租出固定资产相关的证明文件，并检查其会计处理是否正确。 9. 调查年度内未使用、不需用固定资产的状况，及未使用、不需用的起止时间，减值准备计提是否充分并做记录。 10. 了解并确认固定资产折旧政策，计算复核本年度折旧的计提是否正确。 11. 检查固定资产的抵押、担保情况。 12. 检查有无关联方之间的固定资产购售活动，披露是否充分。 13. 验明固定资产及累计折旧是否已在资产负债表上恰当披露。				

b. 固定资产及累计折旧审定表（表1-66）。

表1-66　固定资产及累计折旧审定表

被审计单位名称：美居建材有限公司　　　索引号：A07-1　　　页次：
　　　　　　　　　　　　　　　　　　　编制：　　　　　　　　日期：
截止日：　　　　　　　　　　　　　　　复核：　　　　　　　　日期：

索引号	固定资产类别	期初余额/元	本期增加/元	本期减少/元	期末账面未审数/元	调整数/元	审定数/元
	房屋建筑物						
	运输设备						
	电子设备						
	其他设备						
	合　计						
	累计折旧（按类别）	期初余额/元	本期增加/元	本期减少/元	期末账面未审数/元	调整数/元	审定数/元
	房屋建筑物						
	运输设备						
	电子设备						
	其他设备						
	合　计						
	固定资产净值						

审计说明及调整分录：

　　1．该公司房屋建筑物增加53万元是长期待摊费用中转入，因该公司2014年12月为营业场所重建新大门属改扩建造范畴，其费用应列入固定资产价值之中。

　　2．运输设备减少，因一价值32万元、已提折旧12万元的运输车出车发生事故报废，清理净损失15万元。

　　3．该公司固定资产经清查，不存在减值情况。

　　4．本期计提的折旧47万元，列入管理费用67 658元，列入销售费用402 342元。

审计结论：
　　固定资产净值为7 230 000元，原价为8 760 000元，累计折旧为1 530 000元。

编制说明：固定资产原价及累计折旧应按企业计提折旧分类填写具体类别，未使用、不需用等不计提折旧固定资产应在类别中划出，在固定资产中单独归类。

c. 固定资产增加、减少及其折旧审定表（表1-67）。

表1-67 固定资产增加、减少及其折旧审定表

被审计单位名称：美居建材有限公司　　　索引号：A07-1-1　　　页次：
　　　　　　　　　　　　　　　　　　　编制：　　　　　　　　　日期：
会计期间：　　　　　　　　　　　　　　复核：　　　　　　　　　日期：

序号	固定资产名称或类别	计量单位	数量	增减月份	原值/万元	折旧方法	本期折旧月数	已提折旧				
								期初余额	本期提取			期末（减少时）余额
									未审数	调整数	审定数	
一、增加												
1	门楼	个	1	12	53	年限法	0					
2	电脑	台	5	6	2	年限法	6					
3	办公桌	套	4	9	1	年限法	3					
二、减少												
1	卡车	台	1	9	32	年限法	9					

审计说明及调整分录：

审计结论：

编制说明：1. 本审定表系固定资产本期内增加、减少通用表，使用时增加、减少分别填列，并在"审计项目名称"中说明。
　　　　　2. 固定资产增加，当月不计提折旧，从下月起计提折旧。固定资产减少，当月仍计提折旧，从下月起停止计提折旧。

d. 固定资产折旧验算表（表1-68）。

表1-68　固定资产折旧验算表

被审计单位名称：美居建材有限公司　　　索引号：A07-1-2　　　页次：
　　　　　　　　　　　　　　　　　　　编制：　　　　　　　　日期：
会计期间：　　　　　　　　　　　　　　复核：　　　　　　　　日期：

序号	固定资产类别	折旧方法	年折旧率	应计折旧平均余额/万元	应提折旧/元	已提折旧/元	已提折旧差异/元	调整数/元	审定数/元
1	房屋建筑物	年限法	3.71%	647	240 200	240 200	0	0	240 200
2	运输设备	年限法	11.86%	177	21 000	210 000	0	0	210 000
3	电子设备	年限法	9.23%	13	12 000	12 000	0	0	12 000
4	其他设备	年限法	9.45%	8.25	7 800	7 800	0	0	7 800
	合　计								470 000

审计说明及调整分录：
　　该公司折旧费用计算正确，未见异常情况，且与折旧明细表数据一致。

审计结论：

编制说明：1. 年均数=某月固定资产增加（或减少）数×（12-n）/12（n=发生月份）。
　　　　　2. 附：按类计提折旧明细表（复印件），本例略。
　　　　　3. 本表只为测试折旧计提是否出现异常情况。

e. 固定资产抽盘表（表1-69）。

表1-69　固定资产抽盘表

被审计单位名称：美居建材有限公司　　　索引号：A07-1-3　　　　页次：
　　　　　　　　　　　　　　　　　　　编制：　　　　　　　　　　日期：
截止日：　　　　　　　　　　　　　　　复核：　　　　　　　　　　日期：

索引号	项目	账面数			实际核实盘点			差异数/万元
		数量	金额/万元	存放地点	数量	金额/万元	存放地点	
房屋建筑物	营业楼	1	560	—	1	560	—	
	办公楼	1	87	—	1	87	—	
	门楼	0	—		1	53	—	53
	合计	2	647		3	700		53
运输设备	大货车	3	105	车库	3	105	车库	0
	中小货车	5	35	车库	5	35	车库	0
	小轿车	1	13	车库	1	13	车库	0
	合计	10	153		10	153		0
电子设备	电脑	16	9	办公用	16	9	办公用	0
	打印机	6	1	办公用	6	1	办公用	0
	复印机	2	1	办公用	2	1	办公用	0
	数码相机	2	1.1	办公用	2	1.1	办公用	0
	发电机	2	1.9	配电室	4	1.9	配电室	0
	合计	30	14		30	14		0
其他设备	办公桌	16	5	办公用	16	5	办公用	0
	货柜	10	3	柜台	10	3	柜台	0
	其他	4	1	仓库	4	1	仓库	0
	合计	30	9		30	9		0

审计说明及调整分录：

审计结论：

编制说明：1. 本表用于审计人员现场监盘被审计单位有关人员年终盘点记录，也可用作抽查记录。
　　　　　2. 抽查比例和方法可在附件中说明。

② 固定资产清理。

a. 固定资产清理审计程序表（表1-70）。

表1-70　固定资产清理审计程序表

被审计单位名称：美居建材有限公司　　　　索引号：A09　　　　　　　页次：
审计项目名称：固定资产清理　　　　　　　编制：　　　　　　　　　　日期：
会计期间或截止日：　　　　　　　　　　　批准：　　　　　　　　　　日期：

	执行情况说明			
	是否适用	工作底稿索引	执行人	日　期
一、审计目标 1. 确定固定资产清理的记录是否完整，反映的内容是否正确。 2. 确定固定资产清理的期末余额是否正确。 3. 确定固定资产清理在会计报表上的披露是否恰当。 二、审计程序 1. 核对固定资产清理明细账与总账的余额是否相符。 2. 检查固定资产清理发生是否有正当理由，是否经技术部门鉴定，会计处理是否正确。 3. 检查固定资产清理的转销是否查明原因并经适当授权批准，会计处理是否正确。 4. 检查固定资产清理是否长期挂账，如有，应作出记录，必要时进行适当调整。 5. 验明固定资产清理是否已在资产负债表上恰当披露。				

b. 固定资产清理审定表（表1-71）。

表1-71　固定资产清理审定表

被审计单位名称：美居建材有限公司　　　　索引号：A09-1　　　　　　页次：
　　　　　　　　　　　　　　　　　　　　编制：　　　　　　　　　　日期：
会计期间及截止日：　　　　　　　　　　　复核：　　　　　　　　　　日期：

索引号	固定资产名称	清理原因	批准人	固定资产				净额	清理费用	清理收入	已转营业外收支	其他转出	期末未审数	调整数	审定数
				原值	已提折旧	净值	已提减值准备								
				1	2	3	4	5	6	7	8	9	10=5+6-7±8-9	8	9
略	大货车	事故	涂实												

续表

索引号	固定资产名称	清理原因	批准人	固定资产			净额	清理费用	清理收入	已转营业外收支	其他转出	期末未审数	调整数	审定数
				原值	已提折旧	净值	已提减值准备							
				1	2	3	4	5	6	7	8	9	10=5+6-7±8-9	8	9

审计说明及调整分录：

审计结论：

③ 无形资产及长期待摊费用。

a. 无形资产审计程序表（表1-72）。

表1-72　无形资产审计程序表

被审计单位名称：美居建材有限公司　　　索引号：A11（1/2）　　　页次：

　　　　　　　　　　　　　　　　　　　　编制：　　　　　　　　　　　日期：

会计期间：　　　　　　　　　　　　　　　批准：　　　　　　　　　　　日期：

	执行情况说明			
	是否适用	工作底稿索引	执行人	日期
一、审计目标 1. 确定无形资产是否存在。 2. 确定无形资产是否归被审计单位所有。 3. 确定无形资产增减变动及其摊销的记录是否完整。 4. 确定无形资产的摊销政策是否恰当。 5. 确定无形资产年末余额是否正确。 6. 确定无形资产在会计报表上的披露是否恰当。 二、审计程序 1. 获取或编制无形资产明细表，复核加计是否正确，并与明细账和总账的余额核对相符。 2. 获取有关文件、资料，检查无形资产的构成内容和计价依据。 3. 检查无形资产的入账价值是否符合相关准则和制度的规定；检查取得无形资产的法律程序是否完备。 4. 检查无形资产的摊销方法，复核计算无形资产的摊销及其会计处理是否正确。 5. 检查无形资产减值及其准备的计提情况。 6. 验明无形资产是否已在资产负债表上恰当披露。				

b. 长期待摊费用审计程序表（表1-73）。

表1-73 长期待摊费用审计程序表

被审计单位名称：美居建材有限公司　　索引号：A 11（1/2）　　页次：
　　　　　　　　　　　　　　　　　　编制：　　　　　　　　　日期：
会计期间：　　　　　　　　　　　　　复核：　　　　　　　　　日期：

	执行情况说明			
	是否适用	工作底稿索引	执行人	日期
一、审计目标 1. 确定长期待摊费用会计政策是否恰当。 2. 确定长期待摊费用入账和转销的记录是否正确。 3. 确定长期待摊费用年末余额是否正确。 4. 确定长期待摊费用在会计报表上的披露是否恰当。 二、审计程序 1. 获取或编制长期待摊费用明细表，复核加计其正确性，并与明细账与总账账户年末余额核对一致。 2. 检查长期待摊费用是否授权批准，其会计处理是否正确。 3. 检查长期待摊费用的摊销政策，复核计算其摊销及会计处理是否正确。 4. 验明长期待摊费用的披露是否恰当。				

c. 无形资产、长期待摊费用、其他资产审定表（表1-74）。

表1-74 无形资产、长期待摊费用、其他资产审定表

被审计单位名称：美居建材有限公司　　索引号：A11-1　　页次：
审计项目名称：　　　　　　　　　　　编制：　　　　　　　日期：
会计期间或截止日：　　　　　　　　　复核：　　　　　　　日期：

索引号	内容	发生日期	原始发生金额	摊销期限	月摊销额	期初余额（摊余额）	本期摊销额	已提减值准备	期末未审数	调整数	审定数
	无形资产										
1	土地使用权										
2	新墙体材料销售许可权										
3	某家具销售许可权										
4	某灯具销售许可权										
5	某地板砖销售许可权										

续表

索引号	内容	发生日期	原始发生金额	摊销期限	月摊销额	期初余额（摊余额）	本期摊销额	已提减值准备	期末未审数	调整数	审定数
6	美居商标										
7	某许可权										
	合　计										
	长期待摊费用										
1	门楼及店内重新装修	2014年9—12月									

审计说明及调整分录：

　　该公司的无形资产主要是商标权、土地使用权和销售许可权。检查相关合同、申办资料、权利证书，核对账证表，确认其无形资产账务处理正确。长期待摊费用是营业场所重新装修费用，经验证，其中有53万元费用为其营业门楼建设费用，属改扩建性质，应列入固定资产。调整分录为

　　借：固定资产　　　53万元

　　　　贷：长期待摊费用　　53万元

审计结论：

　　无形资产期末余额＿＿＿万元，长期待摊费用＿＿＿万元，无其他非流动资产。

编制说明：1. 本审定表应按无形资产、递延资产、其他资产在"审计项目名称"中分别填列审定。

　　　　　2. 内容按明细账资产种类填列。

④ 待处理资产损失。

待处理资产损失程序表见表1-75。

表1-75 待处理资产损失程序表

被审计单位名称：美居建材有限公司　　索引号：A12　　　　　　页次：
审计项目名称：待处理资产损失　　　　　编制：　　　　　　　　日期：
会计期间或截止日：　　　　　　　　　　批准：　　　　　　　　日期：

	执行情况说明			
	是否适用	工作底稿索引	执行人	日期
一、待处理流动资产净损失				
（一）审计目标				
1．确定待处理流动资产损溢的发生是否真实、转销是否合理。	×			
2．确定待处理流动资产损益发生及转销的记录是否完整。	√			
3．确定待处理流动资产损益的年末余额是否正确。	√			
4．确定待处理流动资产损益在会计报表上的披露是否恰当。	√			
（二）审计程序				
1．获取流动资产盘亏、毁损、盘盈明细表，复核其加计数是否正确，并与明细账和总账余额核对相符。	×			
2．查明损益原因，审查转销时的审批手续是否完备。	×			
3．检查有无应予处理而未处理、长期挂账的待处理流动资产损益，如有，应做记录，必要时做适当调整。	×			
4．检查其有关会计处理是否符合有关规定。	×	A12	李缘	2015年2月24日
5．验明待处理流动资产净损失是否已在资产负债表上恰当披露。	√			
二、待处理固定资产净损失				
（一）审计目标				
1．确定待处理固定资产损益的发生是否真实、转销是否合理。	√			
2．确定待处理固定资产损益发生及转销的记录是否完整。	√			
3．确定待处理固定资产损益的年末余额是否正确。	√			
4．确定待处理固定资产损益在会计报表上的披露是否恰当。	√			
（二）审计程序				
1．获取固定资产盘亏、毁损、盘盈明细表，复核其加计数是否正确，并与明细账和总账余额核对相符。	×			
2．查明损益原因，审查转销时的审批手续是否完备。	×			
3．检查有无应予处理而未处理、长期挂账的待处理固定资产损益，如有，应做记录，必要时做适当调整。	×			
4．检查其有关会计处理是否符合有关规定。	×			
5．验明待处理固定资产净损失是否已在资产负债表上恰当披露。	√			

⑤ 营业外收支。

a. 营业外收入、营业外支出审计程序表（表1-76）。

表1-76　营业外收入、营业外支出审计程序表

被审计单位名称：美居建材有限公司　　索引号：D09　　页次：
　　　　　　　　　　　　　　　　　　编制：　　　　　　日期：
会计期间：　　　　　　　　　　　　　批准：　　　　　　日期：

	执行情况说明			
	是否适用	工作底稿索引	执行人	日　期
一、营业外收入 （一）审计目标 1. 确定营业外收入的记录是否完整。 2. 确定营业外收入的计算是否正确。 3. 确定营业外收入在会计报表上的披露是否恰当。 （二）审计程序 1. 获取或编制营业外收入明细表，并与明细账和总账核对相符。 2. 检查营业外收入核算内容是否符合会计制度的规定。 3. 抽查大额营业外收入，检查原始凭证是否齐全，有无授权批准，会计处理是否正确。 4. 对营业外收入中各项目，包括处理固定资产净收益、处理无形资产净收益，固定资产盘盈、罚款净收入等相关账户记录核对相符，并追查至相关原始凭证。 5. 验明营业外收入是否已在利润表上恰当披露。 三、营业外支出 （一）审计目标 1. 确定营业外支出的记录是否完整。 2. 确定营业外支出的计算是否正确。 4. 确定营业外支出在会计报表上的披露是否恰当。 （二）审计程序 1. 获取或编制营业外支出明细表，并与明细账和总账核对相符。 2. 检查营业外支出内容是否符合会计制度的规定。 3. 抽取大额营业外支出，检查原始凭证是否齐全，有无授权批准，会计处理是否正确。 4. 对非常损失应详细检查有关资料、被审计单位实际损失和保险理赔情况及审批文件。检查会计处理是否正确。 5. 验明营业外支出是否已在利润表上恰当披露。				

b. 营业外收支审定表（表1-77）。

表1-77 营业外收支审定表

被审计单位名称：美居建材有限公司　　　索引号：D09-1　　　页次：
　　　　　　　　　　　　　　　　　　　　编制：　　　　　　　日期：
会计期间或截止日：　　　　　　　　　　　复核：　　　　　　　日期：

索引号	项　　目	未审数	调整数	审定数	备　注
	营业外收入合计				
	固定资产盘盈				
	处理固定资产净收益				
	教育费附加返还款				
	罚没款收入				
	对外索赔收入				
	非货币性交易收益				
	出售无形资产净收益				
	营业外支出合计				
	固定资产盘亏				
	处理固定资产净损失				
	非常损失				
	非正常停工损失				
	罚款支出				
	对外理赔支出				
	捐赠支出				
	固定资产减值准备				
	在建工程减值准备				
	无形资产减值准备				
	无形资产处置损失				
	债务管理费用损失				

审计说明及调整分录：

审计结论：

⑥ 应付票据。

a. 应付票据审计程序表（表1-78）。

表1-78　应付票据审计程序表

被审计单位名称：美居建材有限公司　　索引号：B02　　　　　页次：
审计项目名称：应付票据　　　　　　　编制：　　　　　　　日期：
会计期间或截止日：　　　　　　　　　批准：　　　　　　　日期：

	执行情况说明			
	是否适用	工作底稿索引	执行人	日　期
一、审计目标 1. 确定应付票据的发生及偿还记录是否完整。 2. 确定应付票据的年末余额是否正确。 3. 确定应付票据在会计报表上的披露是否充分。 二、审计程序 1. 获取或编制应付票据明细表，列示票据类别及编号、出票日期、面额、到期日、付款人名称、利息率、付息条件、抵押品名称、数量、金额，并与明细账、总账和报表核对相符。 2. 向票据持有人函证，确定应付票据的余额是否正确。 3. 复核票据利息是否足额计提，其会计处理是否正确。 4. 检查逾期未付票据的原因，如系有抵押的票据，应作出记录，并提请被审计单位进行必要的披露。 5. 检查非记账本位币折合记账本位币采用的折算汇率、折算差额是否按规定进行会计处理。 6. 验明应付票据是否已在资产负债表上充分披露。				

b. 应付票据审定表（表1-79）。

表1-79　应付票据审定表

被审计单位名称：美居建材有限公司　　索引号：B02-1　　　页次：
　　　　　　　　　　　　　　　　　　编制：　　　　　　　日期：
会计期间或截止日：　　　　　　　　　复核：　　　　　　　日期：

索引号	票据种类	支付银行	应付单位	金额/元	应付日期
（略）	商业承兑汇票	（略）	××新型墙体材料公司		

续表

索引号	票据种类	支付银行	应付单位	金额/元	应付日期
		合 计			

审计说明及调整分录：

审计结论：

编制说明：1. 本表验证"应付票据"项目的确认。
2. 本表应按"银行承兑汇票""商业承兑汇票"等类别按票据逐项填列。

⑦ 应付及预收账款。

a. 应付账款审计程序表（表1-80）。

表1-80　应付账款审计程序表

被审计单位名称：美居建材有限公司　　索引号：B03（1/2）　　页次：
审计项目名称：应付账款　　　　　　　　编制：　　　　　　　　日期：
会计期间或截止日：　　　　　　　　　　批准：　　　　　　　　日期：

	执行情况说明			
	是否适用	工作底稿索引	执行人	日期
一、审计目标 1．确定应付账款的真实性及其发生和偿还记录是否完整。 2．确定应付账款的年末余额是否正确。 3．确定应付账款在会计报表上的披露是否充分。 二、审计程序 1．获取或编制应付账款明细表，复核加计数是否准确，并与明细账、总账和报表的余额核对相符。 2．选择应付账款重要项目（包括零账户），函证其余额是否正确。 3．根据回函情况，编制与分析函证结果汇总表，对未回函的决定是否再次函证。 4．对未回函的重大项目，采用替代程序，确定其是否真实： 检查决算日后应付账款明细账及现金日记账，核实其是否已支付；检查该笔债务的相关凭证资料，核实交易事项的真实性。 5．检查是否存在未入账的应付账款： 检查被审计单位在资产负债表日末处理的不相符的购货发票（如抬头不符，与合同某项规定不符等）及有材料入库凭证但未收到购货发票的经济业务；检查资产负债表日后收到的购货发票，确认其入账时间是否正确；检查资产负债表日后应付账款明细账贷方发生额的相应凭证，确认其入账时间是否正确。 6．检查应付账款是否存在借款余额，决定是否进行重分类。 7．检查应付账款长期挂账的原因，并作出记录，必要时予以调整。 8．检查非记账本位币折合记账本位币采用的折算汇率、折算差额是否按规定进行会计处理。 9．检查有无应付给与本公司有关联的公司的款项。 10．验明应付账款是否已在资产负债表上充分披露。				

b. 预收账款、其他应付款审计程序表（表1-81）。

表1-81　预收账款、其他应付款审计程序表

被审计单位名称：美居建材有限公司　　　　索引号：B03（2/2）　　　　页次：
审计项目名称：预收账款、其他应付款　　　　编制：　　　　　　　　　　日期：
会计期间或截止日：　　　　　　　　　　　　批准：　　　　　　　　　　日期：

	执行情况说明			
	是否适用	工作底稿索引	执行人	日　期
一、预收账款 （一）审计目标 1．确定预收账款的真实性及发生和偿还记录是否完整。 2．确定预收账款的年末余额是否正确。 3．确定预收账款在会计报表上的披露是否恰当。 （二）审计程序 1．获取或编制预收账款明细表，复核其加计数是否正确，并与明细账和总账的余额核对相符。 2．选择预收账款的若干重大项目函证，根据回函情况编制函证情况汇总表。回函金额不符的，应查明原因并作出记录或适当调整；未回函的，应再次函证或通过检查决算日后已转销的预收账款与仓库发货单、销售发票相一致等替代程序，确定其是否真实、正确。 3．检查预收账款是否存在借方余额，是否进行重分类。 4．检查预收账款长期挂账原因，并作出记录，必要时予以调整。 5．验明预收账款是否已在资产负债表上恰当披露。 二、其他应付款 （一）审计目标 1．确定其他应付款的真实性及发生和偿还记录是否完整。 2．确定其他应付款的年末余额是否正确。 3．确定其他应付款在会计报表上的披露是否充分。 （二）审计程序 1．获取或编制其他应付款明细表，复核加计数是否正确，并与明细账、总账和报表核对相符。 2．选择金额较大和异常的明细账户余额，检查其原始凭证。 3．检查其他应付款是否存在借款余额，决定是否进行重分类，注意有无利用"其他应付款"隐匿收入、调节利润的情况。 4．检查其他应付款长期挂账的原因，并作出记录，必要时予以调整。 5．检查有无应付给与本公司有关联的公司的款项。 6．验明其他应付款是否已在资产负债表上充分披露。				

c. 应付、预收账款审定表（表1-82）。

表1-82 应付、预收账款审定表

被审计单位名称：美居建材有限公司　　索引号：B03-1　　页次：
　　　　　　　　　　　　　　　　　　　编制：　　　　　　日期：
会计期间或截止日：　　　　　　　　　　复核：　　　　　　日期：

索引号	审计项目名称	未审数	调整数	重分类调整数	审定数	备 注
A04-1	预收账款					
B03-1-2	其他应付款					
B03-1-2	应付账款					
	合 计					

审计说明及调整分录：
1. 本审计在采购与付款测试其内控有效的情况下进行。
2. A04-1中应收账款明细账贷方余额转为预收账款填列，为重分类。

审计结论：
预收账款、其他应付款、应付账款分别审定为_____元、_____元、_____元。

编制说明：1. 本审定表按应付账款、预收账款、其他应付款在"审计项目名称"中分别填列审定。
　　　　　2. 应付款明细表（表1-83）附在本表之后。

d. 预收及应付款明细表（表1-83）。

表1-83 预收及应付款明细表

被审计单位名称：美居建材有限公司　　　索引号：B03-1-2　　　页次：
　　　　　　　　　　　　　　　　　　　编制：　　　　　　　　日期：
会计期间或截止日：　　　　　　　　　　复核：　　　　　　　　日期：

序号	户名	主要内容	未审数及账龄分析				期后支付数	函证	其他程序	调整数	审定数
			1年内	1～2年	2～3年	3年以上					
1	2	3	4	5	6	7	8	9	10	11	12
一、其他应付款											
1	Y装饰公司	地板砖押金									
二、应付账款											
1	A供应商	代销墙体材料									
2	B供应商	家具									
3	C供应商	家具									
4	D供应商	灯具									
5	E供应商	灯具									
6	F供应商	A型地板									
7	G供应商	B型地板									
8	H供应商	钢材									
9	I供应商	铝材									
10	J供应商	厨卫设备									
11	K供应商	水暖器材									
…	…	…	…	…	…	…	…	…	…	…	…
	合计		4 687 150元	70万元			120万元				5 387 150元

编制说明：1. 本明细表应按应付账款、预付账款、其他应付款在"审计项目名称"中分别填列。
　　　　　2. 本表1～8栏可由被审计单位填列提供。
　　　　　3. 对需要账户调整或重分类调整的应转入应付、预收款项审定表中。
　　　　　4. 收回的询证函、替代性工作底稿附在本表之后。
　　　　　5. 上述供应商含委托代销供应商。代销商品价款包含在应付账款中，未单独列示。

⑧ 管理费用。

a. 管理费用审计程序表（表1-84）。

表1-84　管理费用审计程序表

被审计单位名称：美居建材有限公司　　索引号：D06　　　　　页次：
审计项目名称：管理费用　　　　　　　　编制：　　　　　　　日期：
会计期间：　　　　　　　　　　　　　　批准：　　　　　　　日期：

	执行情况说明			
	是否适用	工作底稿索引	执行人	日　期
一、审计目标 1. 确定管理费用的记录是否完整。 2. 确定管理费用的计算是否正确。 3. 确定管理费用在会计报表上的披露是否恰当。 二、审计程序 1. 获取或编制管理费用明细表，检查其明细项目的设置是否符合规定的核算内容与范围，并与明细账和总账、报表的金额核对相符。 2. 将本年度管理费用与上年度的管理费用进行比较，并将本年度各个月份的管理费用进行比较，如有重大波动和异常情况应查明原因。 3. 选择重要或异常的管理费用项目，检查其原始凭证是否合法，会计处理是否正确，必要时，对管理费用实施截止日测试，检查有无跨期入账的现象，对于重大跨期项目，应做必要调整。 4. 验明管理费用是否已在损益表上恰当披露。				

b. 管理费用审定表（表1-85）。

表1-85　管理费用审定表

被审计单位名称：美居建材有限公司　　索引号：D06-1　　　　页次：
　　　　　　　　　　　　　　　　　　编制：　　　　　　　　日期：
会计期间或截止日：　　　　　　　　　复核：　　　　　　　　日期：

索引号	项　目	未审数/元	调整数/元	审定数/元	备　注
	管理费用合计				
	本期转销数				
	其中：				
	工　资				
	福利费				
	社会保险费				
	工会经费				
	职工教育经费				

续表

索引号	项　目	未审数/元	调整数/元	审定数/元	备　注
	住房公积金				
	折旧费				
	业务招待费				
	开办费摊销				
	无形资产摊销				
	低值易耗品摊销				
	办公费				
	绿化费				
	排污费				
	列入管理费用的税费				

审计说明及调整分录：

审计结论：
　　管理费用本期发生额为_____元。

注：如使用"应付职工薪酬"的企业，注意其明细账与上表项目的对应关系。

1.3.4　存货与成本业务循环审计

1. 存货与成本业务循环审计的相关资料

（1）存货与成本内控测试。

吴立至对该公司仓储存货进行内控测试时，先了解该公司对零售和批发如何管理，采用的会计核算方法如何，发出存货和结存存货的成本如何核算；再测试其管理制度是否得到有效执行。

① 存货管理办法。该公司的各种建材均入库再领用。该公司的商品在入库时一律按类别和柜组责任人归类存放与核算，按零售价控制，即采用售价金额核算法进行核算。对少量批发业务，将其零售价换算为不含税零售价，经税务部门同意，开具增值税发票；除此之外

的一切零售业务，均开具普通发票。对于受托代销商品，一律按视同买断处理，即对已售受托代销商品视同买断，定期与委托方结算，在各责任人名下单独核算。

② 发出与结存存货成本核算办法。采购费用（运费扣除率10%，可抵进项税）、保管费用和销售费用均列入销售费用；库存商品按含税零售价记账，另在商品入库时将进价与含税售价间的差额用"商品进销差价"核算，该账户也按责任人开设明细账户。期末采用综合差价率法计算已销商品应分摊的商品进销差价。期末"库存商品"借方余额减商品进销差价贷方余额，即得库存存货的成本，并按此成本计入报表存货项目。开具普通发票时，销售收入是含税收入，按月将其换算为不含税收入，用含税收入减不含税收入，得到本期应交销项税，用销项税冲减含税收入，将收入换算成不含税收入。

吴立至采取随意选样的方法，选取家具组和灯具组进行测试，测试其2014年1—12月仓储管理、收入换算、商品差价分摊的执行情况，以及相应的账务处理是否正确。没有发现偏差。

（2）存货与成本循环业务报表项目审计的相关资料。

① 库存商品、商品进销差价及主营业务成本。该公司存货审计情况见表1-86，在盘点日2011年2月24日对家具组存货进行抽盘，存货（包括受托代销存货）均按售价记账，家具组存货的售价金额为161.67万元，进价成本为100万元，商品进销差价率约38.14%，与综合差价率基本一致。盘存时未发现质量问题。抽查情况见表1-87。

然后，对存货进行复核检查，在检查中未发现异常，审定库存商品售价1 317.61万元，进价期末数为815万元，商品进销差价502.61万元。连同在途物资及周转材料期末存货审定为820万元。

表1-86 存货审计情况

项 目	类 别	未审含税售价/万元	商品进销差价/万元	不含税进价/万元
库存商品	家具组	161.67	61.67	100
	灯具组	97.01	37.01	60
	水暖器材组	64.67	24.67	40
	新型墙体材料组	218.25	83.25	135
	墙体材料组	129.34	49.34	80
	钢材组	194	74	120
	铝材组	129.34	49.34	80
	厨卫组	177.83	67.83	110
	地板组	145.50	55.50	90
	小 计	1 317.61	502.61	815
在途物资	地板砖			2
周转材料	低值易耗品			1
	包装物			2
	小 计			3
合 计				820

表1-87 存货抽盘表——家具组

供应厂商	品名、型号、规格	单位	盘点日实存	加盘点前付出量	减盘点前收入量	实存数量	账面结存数量	账面结存金额/元	进销差价/元	进价/万元
A家具厂	A型	套	10	5	2	13	13	420 342	160 342	26
	C型	套	6	2	0	8	8	155 203	59 203	9.6
	H型	套	4	6	4	6	6	193 920	73 920	12
	小计		20	13	6	27	27	769 549	293 549	47.6
B家具厂	B型	套	8	6	4	10	10	291 006	111 006	18
	D型	套	5	10	8	7	7	90 535	34 535	5.6
	H型	套	10	12	6	16	16	155 203	59 203	9.6
	小 计		23	28	18	33	33	536 744	204 744	33.2
C家具厂	X型	套	10	15	8	17	17	82 452	31 452	5.1
	Y型	套	10	10	6	14	14	67 902	25 902	4.2
	H型	套	10	12	8	14	14	67 902	25 902	4.2
	小 计		30	37	22	45	45	218 254	83 254	13.5
D家具厂	H	套	20	18	16	22	22	92 153	35 153	5.7
	小 计		20	18	16	22	22	92 153	35 153	5.7
	合 计		93	96	62	127	127	1 616 700	616 700	100

最后,对商品进销差价及主营业务成本进行验算,见表1-88。

表1-88 商品进销差价及主营业务成本分摊验算表

柜 组	分摊前商品进销差价/元	库存商品余额/元	本月销售商品金额/元	月末结存与本月销售合计/元	综合差价率	已销商品分摊差价/元	库存商品分摊进销差价/元
全部商品	10 243 400	13 176 100	13 677 300	26 853 400	38.145 6%	5 217 300	5 026 100

主营业务成本=13 677 300×(1−38.145 6%)≈846(万元)

② 应付职工薪酬。通过查阅各月工资表及工资附加表,检查工资发放、其他费用发生及上缴情况,取得相关复印件(本例略),确认该公司应付职工薪酬计算及账务处理正确。期末应付职工薪酬为应付工资120 000元、社会保险费24 000元、住房公积金6 000元,共计150 000元。

2. 存货与成本业务循环审计的实训操作

(1)进行仓储与存货符合性测试。

① 仓储与存货循环符合性测试程序表（表1-89）。

表1-89　仓储与存货循环符合性测试程序表

单位名称：美居建材有限公司　　　测试人员：　　　　　日期：　　索引号：CS31
截止日：　　　　　　　　　　　　复核人员：　　　　　日期：　　页次：1/1

测试重点	常规测试程序	索引号
	1．仓储与存货业务循环相关的内部控制的符合性测试： （1）存货的入库是否严格履行验收手续，是否按责任人分类保管存货； （2）存货的发出手续是否按规定办理，是否及时登记仓库账并与会计记录核对； （3）受托代销商品是否单列，是否按责任人归类存放； （4）是否建立定期盘点制度，发生的盘盈、盘亏、毁损、报废是否及时按规定审批处理。 2．商品销售成本计价方法是否符合财务会计制度的规定，是否发生重大变更。商品进销差价的分摊是否正确。 3．不含税收入和成本的计算和会计处理是否正确。	

测试说明：

测试结论：

② 仓储与存货循环符合性测试工作底稿（表1-90）。

表1-90　仓储与存货循环符合性测试工作底稿

单位名称：美居建材有限公司　　　测试人员：　　　　　日期：　　索引号：CS31-1
截止日：　　　　　　　　　　　　复核人员：　　　　　日期：　　页次：

程序号	查验过程记录	索引号
	测试情况： 测试结论：	

③ 仓储与存货循环符合性测试检查表（表1-91）。

表1-91　仓储与存货循环符合性测试检查表

被审计单位名称：美居建材有限公司　　　索引号：CS31-1-　　　页次：
　　　　　　　　　　　　　　　　　　　编制：　　　　　　　　日期：
会计期间或截止日：　　　　　　　　　　复核：　　　　　　　　日期：

序号	样本主要内容	样本名称 测试内容												备注
		1	2	3	4	5	6	7	8	9	10	11	12	
1	家具组													
2	灯具组													

测试内容：

　　1．测试含税收入的换算是否存在并正确计算和核算。
　　2．测试发出商品与结存商品的计算和核算是否正确。
　　3．仓储管理是否符合售价核算的要求。
　　4．受托代销商品是否按责任人分类保管。

结论：

编制说明：1．本表是吴立至根据被审计单位具体情况制作的测试表。
　　　　　2．表中1～12代表该公司上年度12个月的相关情况。
　　　　　3．所选两组在仓储管理、存货核算、计价分摊等方面每个月都核对并正确时才打"√"。
　　　　　4．本结论可以减少细节测试，但不能完全不进行细节测试。

（2）存货与成本循环业务相关报表项目审计。

①存货审计。

a. 存货审计程序表（表1-92）。

表1-92　存货审计程序表

被审计单位名称：美居建材有限公司　　索引号：A05　　　　页次：
　　　　　　　　　　　　　　　　　　编制：　　　　　　　　日期：
会计期间或截止日：　　　　　　　　　　复核：　　　　　　　　日期：

审计目标与程序	执行情况说明			
	是否适用	工作底稿索引	执行人	日期
一、审计目标 1. 确定存货是否存在。 2. 确定存货是否归被审计单位所有。 3. 确定存货增减变动的记录是否完整。 4. 确定存货的品质状况，存货跌价准备的计提是否合理。 5. 确定存货的计价方法是否恰当。 6. 确定存货年末余额是否正确。 7. 确定存货在会计报表上的披露是否恰当。 二、审计程序 1. 核对各存货项目明细账与总账、报表的余额是否相符。 2. 检查资产负债表日存货的实际存在： （1）参与被审计单位存货盘点的事前规划，或向委托人索取存货盘点计划； （2）审计人员亲临现场观察存货盘点，监督盘点计划的执行，并做适当抽点； （3）盘点结束后索取盘点明细表、汇总表副本进行复核，并选择数额较大、收发频繁的存货项目与永续盘存记录进行核对。 3. 如未参与年末盘点，应在审计外勤工作时对存货进行抽查： （1）获取并检查被审计单位期末存货盘点计划及存货盘点明细表、汇总表，评价委托人盘点的可信程度； （2）根据被审计单位存货盘点的可信程度，选择重点的存货项目进行抽查盘点或全额盘点，并倒推计算出资产负债表日的存货数量。 4. 在监盘或抽查被审计单位存货时，要检查有无代他人保存和来料加工的存货，有无未作账务处理而置于（或寄存）他处的存货，这些存货是否正确列示于存货盘点表中。 5. 在监盘或抽查被审计单位存货时，要注意观察存货的品质状况，要征询技术人员、财务人员、仓库管理人员的意见，以了解和确定存货中属于残次、毁损、滞销积压的存货及其对当年损益的影响。 6. 获取存货盘点盈亏调整和损失处理记录，检查重大存货盘亏和损失的原因有无充分合理的解释，重大存货盘亏和损失的会计处理是否已经授权审批，是否正确及时地入账。 7. 检查被审计单位存货跌价损失准备计提和结转的依据、方法和会计处理方法是否正确，是否经授权批准，前后期是否一致。 8. 查阅资产负债表日前后若干天的存货增减变动的有关账簿记录和原始凭证，检查有无存货跨期现象，是否存在资产负债表日止已入库的存货应作暂估入账而不作暂估入账，如有，应作出记录，必要时进行适当调整。 9. 低值易耗品与固定资产的划分是否合理，其摊销方法及摊销金额的确定是否正确。 10. 对业已进账并纳入资产负债表内的受托代销商品，可参照存货的检查方法进行检查；对未进账、资产负债表外的受托代销商品的检查，可依据《受托代销商品备查簿》进行实物盘点，与《备查簿》及相关记录核对一致，如有差异，查明原因并作出记录。 11. 抽查产成品的发出凭证，核对其品种、数量和实际成本与产品销售成本是否相符。检查商品进销差价入账及分摊是否正确。 12. 了解存货的保险情况和存货防护措施的完善程度，并作出相应记录。 13. 验明存货是否已在资产负债表上恰当披露。				

b. 存货审定表（表1-93）。

表1-93　存货审定表

被审计单位名称：美居建材有限公司　　　索引号：A05-1　　　　　页次：
审计项目名称：　　　　　　　　　　　　　编制：　　　　　　　　日期：
会计期间或截止日：　　　　　　　　　　　复核：　　　　　　　　日期：

项　目	类　别	未审含税售价	商品进销差价	不含税进价	调整数	审定数
库存商品	家具组					
	灯具组					
	水暖器材组					
	新型墙体材料组					
	墙体材料组					
	钢材组					
	铝材组					
	厨卫组					
	地板组					
	小　计					
在途物资	地板砖					
周转材料	低值易耗品					
	包装物					
	小　计					
	合　计					

审计说明及调整分录：

1. 该企业库存商品按售价金额核算，存货按柜组计价，换算成进价后才是列入报表项目的存货成本。
2. 该企业实行综合差价率折算，综合差价率为38.145 6%。
3. 减值损失按单项商品计算，本例中无减值情况。
4. 上述各柜组的存货中均包括该柜组的受托代销商品，且受托代销商品的代销方式均为视同买断方式。一样是按售价记账。
5. 周转材料与在途物资均按实际成本核算。

审计结论：
　　存货进价成本为_____万元。

编制说明：1. 附存货抽盘表。
　　　　　2. 附商品进销差价分配表。

c. 存货抽盘表（表1-94）。

表1-94 存货抽盘表

被审计单位名称：美居建材有限公司　　索引号：A05-1-1　　　　　页次：
审计项目名称：家具组存货　　　　　　　编制：　　　　　　　　　日期：
截止日：　　　　　　　　　　　　　　　复核：　　　　　　　　　日期：

供应厂商	品名、型号、规格	计量单位	盘点日实存	加盘点前付出量	减盘点前收入量	实存数量	账面结存 数量	账面结存 金额/元	进销差价/元	进价/元	审定数/万元
A家具厂	A型	套									
	C型	套									
	H型	套									
	小计										
B家具厂	B型	套									
	D型	套									
	H型	套									
	小计										
C家具厂	X型	套									
	Y型	套									
	H型	套									
	小计										
D家具厂	H	套									
	小计										
合计											

审计说明及调整分录：

审计结论：
　　家具组存货账面数与盘点数一致，账务处理正确。其售价为_____万元，进价为_____万元；进销差价_____万元。

编制说明：1. 本表为吴立至根据商业企业情况自制的抽盘表。
　　　　　2. 盘点中账存和实存数量相符，商品进销差价、售价为账面记载数，进价成本为倒推数。
　　　　　3. 盘点时应对存货的质量状况予以关注。
　　　　　4. 还可抽盘其他柜组情况。本例不再抽检其他柜组情况。

d. 商品进销差价分摊验算表（表1-95）。

表1-95　商品进销差价分摊验算表

被审计单位名称：美居建材有限公司　　　索引号：A05-1-3　　　页次：
审计项目名称：　　　　　　　　　　　　编制：　　　　　　　　日期：
会计期间或截止日：　　　　　　　　　　复核：　　　　　　　　日期：

柜组	分摊前商品进销差价	库存商品余额	本月销售商品金额	月末结存与本月销售合计	综合差价率	已销商品分摊差价	库存商品分摊进销差价
全部商品	10 243 400元	13 176 100元					

审计说明及调整分录：

审计结论：
　　已销商品进价成本＿＿＿＿＿万元，期末各柜组存货进价成本＿＿＿＿＿万元。

编制说明：1. 本表用于审验实行计划价格核算存货企业材料成本差异的审定。
　　　　　2. 成本差异如为贷方金额，应在金额前用"－"号表示。
　　　　　3. 成本差异重点审计成本差异发生额、差异率、差异额转销是否正确，年末余额是否恰当。
　　　　　4. 材料成本差异按明细核算填列。

e. 存货跌价准备审计程序及确认表（表1-96）。

表1-96　存货跌价准备审计程序及确认表

被审计单位名称：美居建材有限公司　　　索引号：A05-4-1　　　页次：
　　　　　　　　　　　　　　　　　　　　编制：　　　　　　　　日期：
会计期间或截止日：　　　　　　　　　　　复核：　　　　　　　　日期：

	执行情况说明			
	是否适用	工作底稿索引	执行人	日　　期
一、审计目标				
1. 确定存货跌价准备的发生是否真实，转销是否合理。	√			
2. 确定存货跌价准备发生和转销的记录是否完整。	√			
3. 确定存货跌价准备的期末余额是否正确。	√			
4. 确定存货跌价准备的披露是否恰当。	√			
二、审计程序				
1. 获取或编制存货跌价准备明细表，复核加计正确，并与报表数、总账数和明细账合计数核对是否相符。	√			
2. 检查存货跌价准备计提和核销的批准程序，取得书面报告等证明文件。	√			
3. 评价存货跌价准备所依据的资料、假设及计提方法。	√	A05-1-1、A05-4-1	吴立至	2011年2月24日
4. 检查被审计单位是否于期末对存货做检查分析，对应计提存货跌价准备和应全额计提存货跌价准备的情况划分是否正确，存货跌价准备的计算和会计处理是否正确。	√			
5. 比较前期存货跌价准备数与实际发生数。	√			
6. 检查存货的期后售价是否低于原始成本。	√			
7. 对已计提跌价准备的存货的价值又得以恢复，其冲减跌价准备金额是否以本科目的余额冲减到零为限，依据是否充分。	√			
8. 验明存货跌价准备的披露是否恰当。	√			

审计情况及说明（必须说明本期确认存货跌的依据、金额、调整依据及金额等内容，也可另行设计表格加以说明）：

　　通过抽查及测试，未发现存货存在跌价现象。

② 应付职工薪酬。

　　a. 应付工资审计程序表（表1-97）。

　　b. 其他应付职工薪酬审计程序表（表1-98）。

表1-97　应付工资审计程序表

被审计单位名称：美居建材有限公司　　索引号：B04（1/2）　　页次：
审计项目名称：应付工资　　　　　　　　编制：　　　　　　　　日期：
会计期间或截止日：　　　　　　　　　　批准：　　　　　　　　日期：

	执行情况说明				
	是否适用	工作底稿索引	执行人	日	期
一、审计目标 1. 确定应付工资的发生及支付记录是否完整。 2. 确定应付工资的年末余额是否正确。 3. 确定应付工资在会计报表上的披露是否充分。 二、审计程序 1. 通过分析性复核，检查年度工资有无异常波动情况，并查明原因，作出记录。 2. 抽查应付工资的支付凭证，确定工资、奖金、津贴的计算是否符合有关规定，依据是否充分，有无授权批准和领款人签章，是否按规定代扣款项，相应的会计处理是否正确。 3. 将应付工资贷方发生额累计数与相关的成本、费用账户核对一致。 4. 验明应付工资是否已在资产负债表上充分披露。					

表1-98　其他应付职工薪酬审计程序表

被审计单位名称：美居建材有限公司　　索引号：B04（2/2）　　页次：
　　　　　　　　　　　　　　　　　　　编制：　　　　　　　　日期：
会计期间或截止日：　　　　　　　　　　批准：　　　　　　　　日期：

	执行情况说明				
	是否适用	工作底稿索引	执行人	日	期
一、审计目标 1. 确定其他应付职工薪酬的计提和支出记录是否完整，计提依据是否合理。 2. 确定其他应付职工薪酬的年末余额是否正确。 3. 确定其他应付职工薪酬在会计报表上的披露是否充分。 二、审计程序 1. 检查年度内其他应付职工薪酬计提标准是否符合有关规定，计提金额是否正确。 2. 抽查年度内其他应付职工薪酬的使用情况，确定其是否符合规定用途。 3. 验明其他应付职工薪酬是否已在资产负债表上充分披露。					

c. 应付职工薪酬审定表（表1-99）。

表1-99 应付职工薪酬审定表

被审计单位名称：美居建材有限公司　　索引号：B04-1　　页次：
　　　　　　　　　　　　　　　　　　　编制：　　　　　　 日期：
会计期间或截止日：　　　　　　　　　　 复核：　　　　　　 日期：

明细项目	未审数	调整数	审定数	备 注
应付工资				
应付福利费				
社会保险费				
住房公积金				
工会经费				
教育经费				
合　计				

审计说明及调整分录：

审计结论：
　　应付职工薪酬为_____元。

编制说明：1. 应付有关部门核定的工资清算表。
　　　　　2. 各月工资分配及工资附加费情况表复印件附后（本例略）。

1.3.5 筹资与投资业务循环审计

1. 筹资与投资业务循环审计的相关资料

（1）交易性金融资产及投资收益。经检查相关资料，期初20万元短期股票投资已出售，售价22万元，投资收益2万元。无其他投资性资产和收益。期末交易性金融资产为0，投资收益2万元，可以确认。

（2）短期借款、长期借款及财务费用。经检查借款合同、入账凭证，大额借款向银行询证，审查账务处理后，得到下列情况：

短期借款及期利息情况见表1-100，长期借款情况及其利息见表1-101，财务费用情况见表1-102。

表1-100 短期借款及其利息费用情况表

索引号	贷款银行	借款期间	借款条件	月利率	期初余额/元	本期增加/元	本期减少/元	期末余额/元	本年利息/元
（略）	（略）	2013年7月1日—2014年7月1日	信用	5‰	200 000	0	200 000	0	60 00
（略）	（略）	2014年3月1日—2015年3月1日	信用	5‰	0	500 000	0	500 000	25 000
合计								500 000	31 000

表1-101 长期借款及其利息情况表

序号	单位名称	实际借款用途	借款期间	借款条件	年利率	期初余额		本期增加		期末余额	
						本金	利息	本金	利息	本金	利息
1	美居建材有限公司	基建	2012年1月—2016年1月	抵押	6.5%	100万元	13万元		6.5万元	100万元	19.5万
2	美居建材有限公司	销售许可	2012年1月—2018年12月	抵押	7.41%	90万元	10万元		66 690元	90万元	166 690元
3	美居建材有限公司	装修及门楼	2014年8月—2016年8月	抵押	5.8%			46万元	11 110元	46万元	11 110元
合计						190万元	23万元	46万元	142 800元	236万元	372 800元

情况说明：

1. 目前该公司尚有3笔未到期贷款，均有抵押，均为单利计息，到期一次性还本付息。除本期利息11 110元将分摊计入固定资产和长期待摊费用之外，其余利息均列入财务费用，因其已不符合利息资本化条件。

2. 审定数中1年内到期的长期借款0元，与报表核对相符。

3. 长期借款期末余额为2 732 800元。其中本金236万元，列入长期借款的利息372 800元。本期长期借款利息142 800元，其中财务费用131 690元，列入固定资产5 888元，列入长期待摊费用5 222元。

表1-102　财务费用情况表　　　　　　　　　　　　　　　　　　　单位：元

序号	项目	总账金额	明细账金额				备注
			利息支出	汇兑损失	手续费	其他费用	
1	本期发生（未审）数	170 780	162 690	0	4 480	3 610	
2	本期转出数	-1 090	-1 090	0	0	0	
3	调整数	0	0	0	0	0	
4	审定数	169 690	161 600	0	4 480	3 610	

审计情况说明：

1. 结合长短期借款合同、账簿记载，审核借款的利息计算是否正确，查阅本年度各月手续费结算单据，核对财务费用总账和明细账，确认财务费用真实，账务处理正确。

2. 其中本期转出数1 090元为本年存款利息，其他费用为办理长期和短期借款发生的相关费用。

3. 手续费为使用银行结算方式的手续费，其中POS机结算手续费居多。

（3）应付利润。经查验该公司董事会会议记录与决议，检查相关会计处理，应付利润期初30万元已支付，期末预分配40万元，待年度报表审计后再做调整。

（4）实收资本。本年未发生变更，故直接确认。

（5）公积金、所得税、未分配利润。该公司只有盈余公积，无其他调减事项时，按本年净利润的10%计提，原预分配10万元，计算后调整；所得税在重新计算利润总额后按25%的税率再行调整，见表1-103；未分配利润在对本期审计中发现的问题进行调整，并重新计算利润总额、所得税和公积金后计算调整。本例假设该公司对事务所提出的调整均同意，则公积金、所得税、未分配利润的调整见表1-104。

表1-103　所得税复核情况表

序号	项目	行次	未审数	调整数	审定数	备注
1	本年利润总额/元	1	1 052 040	-2 120	1 049 920	
2	适用所得税税率	27	25%		25%	
3	本年应交所得税税额/元	28	263 010	-530	262 480	
4	年初欠缴所得税税额/元	29	60 000		60 000	
5	本年已预交所得税税额/元	30	293 010		293 010	
6	本年应清缴所得税税额/元	31	30 000		29 470	

情况说明：

因应收账款调整引起的坏账准备增加，提得税减少，应做调整分录，借记应交税费530元，贷记所得税费用530元。本年净利润为787 440元，本年所得税费用为262 480元，欠交所得税29 470元。

表1-104　未分配利润复核表

索引号	项目	未审数/元	调整数/元	审定数/元	备注
	一、净利润	789 030	-1 590	787 440	
	加：年初未分配利润	300 000		300 000	

续表

索引号	项　目	未审数/元	调整数/元	审定数/元	备　注
	减：提取法定盈余公积金	100 000	−21 256	78 744	
	二、可供分配利润	989 030		1 008 696	
	减：已分配利润	400 000		400 000	
	其中：中方股利	400 000		400 000	
	外方股利				
	三、年末未分配利润	589 030		608 696	

审计情况说明：

1. 本例只对税前利润对未分配利润的影响进行调整，对该公司预分配的40万元股东利润的账务不做调整。因这些项目是属于期后非调整事项，待年后董事会决议后再据实调整，列入下年度当月账务之中即可。

2. 年末未分配利润确认为608 696元。

2. 筹资与投资业务循环审计的实训操作

（1）交易性金融资产及投资收益审计。

① 交易性金融资产审计程序表（表1-105）。

表1-105　交易性金融资产审计程序表

被审计单位名称：美居建材有限公司	索引号：A02	页次：
	编制：	日期：
资产负债表日：	复核：	日期：

一、审计目标
1. 确定有价证券是否存在。
2. 确定有价证券是否归被审计单位所有。
3. 确定交易性金融资产的增减变动及其收益（或损失）的记录是否完整。
4. 确定交易性金融资产年末余额是否正确。
5. 确定交易性金融资产的计价是否正确。
6. 确定交易性金融资产在会计报表上的披露是否恰当。

二、审计程序	执行情况说明	索引号
1. 核对交易性金融资产明细账与总账余额是否相符。		
2. 会同被审计单位主管会计人员盘点库存有价证券，编制《库存有价证券盘点表》，列明有价证券名称、数量、票面价值和取得成本并与相关账户余额进行核对，如有差异，应查明原因，并作出记录或进行适当调整。		
3. 在外保管的有价证券，应查阅有关保管的证明文件，必要时可向保管人函证。		
4. 检查有价证券购入、售出或兑现的原始凭证是否完整，会计处理是否正确。		
5. 复核与交易性金融资产有关的损益计算是否准确，并与投资收益有关项目核对。		
6. 了解交易性金融资产的可变现情况，并作出记录。		
7. 检查交易性金融资产的期末计价是否正确，跌价准备计提是否充分。		
8. 检查有无长期投资性质的短期投资项目，并作适当的说明和调整。		
9. 验明交易性金融资产是否已在资产负债表上恰当披露。		

② 交易性金融资产审定表（表1-106）。

表1-106　交易性金融资产审定表

被审计单位：美居建材有限公司　　　编制：　　　　　　日期：　　　索引号：A02-1
资产负债表日：　　　　　　　　　　复核：　　　　　　日期：　　　页次：

投资项目	期初数	本期增加	本期减少	期末数				调整数		审定数	投资效益
				数量	购入价	索引号	金额	索引号	金额		
股票名称											
1.（略）	200 000										
2.											
小　计											
债券名称											
1.											
2.											
小　计											
其　他											
1.											
2.											
小　计											
合　计											

审计说明及调整分录：

审计结论：
　　交易性金融资产期末数为_____元，实现投资收益_____元。

③ 投资收益审定表（表1-107）。

表1-107　投资收益审定表

被审计单位名称：美居建材有限公司　　索引号：D08-1　　　　　　页次：
　　　　　　　　　　　　　　　　　　编制：　　　　　　　　　　日期：
会计期间或截止日：　　　　　　　　　复核：　　　　　　　　　　日期：

索引号	项　目	投资金额	投资收益			备　注
			未审数	调整数	审定数	
	一、债（国库）券投资					
	—	—	—	—	—	—
	二、股票投资所占比例/（%）					
	1. 交易性金融资产					

续表

索引号	项 目		投资金额	投资收益			备 注
				未审数	调整数	审定数	
	三、其他投资单位						
	被投资单位	所占比例/（%）					
	—	—	—	—	—	—	—
	合 计						

审计说明及调整分录：

审计结论：

编制说明："所占比例/（%）"填投出资金占被投资单位注册资本的百分比。

（2）短期借款及其利息。

① 短期借款审计程序表（表1-108）。

表1-108 短期借款审计程序表

被审计单位名称：美居建材有限公司　　　索引号：B01（1/2）　　　页次：
　　　　　　　　　　　　　　　　　　　　编制：　　　　　　　　　　日期：
资产负债表日：　　　　　　　　　　　　　批准：　　　　　　　　　　日期：

一、审计目标 1. 确定短期借款借入、偿还及计息的记录是否完整。 2. 确定短期借款的期末余额是否正确。 3. 确定短期借款在会计报表上的披露是否充分。		
二、审计程序 1. 获取或编制短期借款明细表，复核其加计数是否正确，并与明细账和总账核对相符。 2. 向银行或其他债权人函证重大的短期借款。 3. 对本期内增加的短期借款，检查借款合同和授权批准，了解借款数额、贷款条件、借款日期、还款期限、贷款利率，并与相关会计记录进行核对。 4. 对本期内减少的短期借款，检查相关会计记录和原始凭证，核实还款数额。 5. 检查期末有无到期未偿还的贷款，逾期借款是否办理了延期手续。 6. 检查非记账本位币折合记账本位币采用的折算汇率，折算差额是否按规定进行会计处理。 7. 验明短期借款是否已在资产负债表上充分披露。	执行情况说明	索引号

项目1　财务报表审计实训

② 短期借款审定表（表1-109）。

表1-109　短期借款审定表

被审计单位：美居建材有限公司　　编制人：　　　　日期：　　　　索引号：B01（1/2）-1
资产负债表日：　　　　　　　　　复核人：　　　　日期：　　　　页次：

索　引	单位名称	未审数	调整数	审计数
略	美居建材有限公司	500 000元	0	

说明及调整分录： 　　检查借款合同，会计处理情况，银行借款转存情况，未发现异常，可以确认。	审计结论： 　　短期借款期末数为_____万元。

编制说明：根据本表验算利息支出，并与财务费用中的利息支出相互勾稽。

③ 短期借款明细账户审定表（表1-110）。

表1-110　短期借款明细账户审定表

被审计单位：美居建材有限公司　　编制人：　　　　日期：　　　　索引号：B01（1/2）-1-1
资产负债表日：　　　　　　　　　复核人：　　　　日期：　　　　页次：

索引号	贷款银行	借款期间	借款条件	月利率	期初余额	本期增加	本期减少	期末余额	调整数	审定数
（略）	（略）	2013年7月1日—2014年7月1日	信用	5‰						
（略）	（略）	2014年3月1日—2015年3月1日	信用	5‰						

续表

索引号	贷款银行	借款期间	借款条件	月利率	期初余额	本期增加	本期减少	期末余额	调整数	审定数
合　计										

审计说明及调整分录：

审计结论：
　　短期借款期末余额为＿＿＿＿＿万元。

④ 短期借款本期利息测算表（表1-111）。

表1-111　短期借款本期利息测算表

被审计单位：美居建材有限公司　　编制人：　　　　日期：　　　索引号：B01（1/2）-1-2
会计期间：　　　　　　　　　　　复核人：　　　　日期：　　　页次：

索引号	贷款银行	借款起止时间	月利率	计算时间	本期应计利息		本期实计利息	差异	备注
					正常利息	逾期罚息			
（略）	（略）	2013年7月1日—2014年7月1日	5‰	半年					
（略）	（略）	2014年3月1日—2015年3月1日	5‰	10个月					
合　计									

审计说明及调整分录：

审计结论：
　　短期借款数据真实，利息合计为＿＿＿＿＿元。

（3）长期借款及其利息。

① 长期借款审计程序表（表1-112）。

表1-112　长期借款审计程序表

被审计单位名称：美居建材有限公司　　索引号：B01（2/2）-1　　页次：
审计项目名称：长期借款　　　　　　　　编制：　　　　　　　　　　日期：
会计期间：　　　　　　　　　　　　　　批准：　　　　　　　　　　日期：

	执行情况说明			
	是否适用	工作底稿索引	执行人	日期
一、审计目标 1．确定长期借款的真实性及借入、偿还和计息的记录是否完整。 2．确定长期借款的年末余额是否正确。 3．确定长期借款在会计报表上的披露是否充分。 二、审计程序 1．获取或编制长期借款明细表、复核加计数是否正确，并与明细账和总账核对相符。 2．对年度内增加的长期借款，检查借款合同和授权批准，了解借款数额、借款条件、借款日期、还款期限、借款利率，并与相关会计记录进行核对。 3．向银行或其他债权人函证重大的长期借款。 4．对年度内减少的长期借款，检查相关会计记录和原始凭证，核实还款数额。 5．检查年末有无到期未偿还的借款，逾期借款是否办理了延期手续；1年内到期长期借款是否已转列流动负债。 6．复核已计借款利息是否正确，如有未计利息应作出记录，必要时进行适当调整，长期借款利息资本化的会计处理是否正确。 7．检查非记账本位币采用的折算汇率、折算差额是否按规定进行会计处理。 8．验明长期借款是否已在资产负债表上充分披露。				

② 长期借款及其利息审定表（表1-113）。

表1-113　长期借款审定表

被审计单位名称：美居建材有限公司　　　索引号：B01（2/2）-1　　　页次：
　　　　　　　　　　　　　　　　　　　编制：　　　　　　　　　　　　日期：
资产负债表日：　　　　　　　　　　　　复核：　　　　　　　　　　　　日期：

索引号	单位名称	实际借款用途	借款期间	借款条件	年利率	期初余额 本金	期初余额 利息	本期增加 本金	本期增加 利息	期末余额 本金	期末余额 利息	调整数	审定数 本金	审定数 利息
	美居建材有限公司	基建	2012年1月—2016年1月	抵押	6.5%	100万元	13万元		6.5万元	100万元	19.5万元	0	100万元	19.5万元
	美居建材有限公司	销售许可	2012年1月—2018年12月	抵押	7.41%	90万元	10万元		66 690元	90万元	166 690元	0	90万元	166 690元
	美居建材有限公司	装修及门楼	2014年8月—2016年8月	抵押	5.8%			46万元	11 110元	46万元	11 110元	0	46万元	11 110元
	合　计					190万元	23万元	46万元	142 800元	236万元	372 800元	0	236万元	372 800元

审计说明及调整分录：

1. 目前该公司尚有3笔未到期贷款，均有抵押，均为单利计息，到期一次性还本付息。除本期利息11 110元将分摊计入固定资产和长期待摊费用之外，其余利息均列入财务费用，因其已不符合利息资本化条件。
2. 审定数中1年内到期的长期借款0元，与报表核对相符。

审计结论：

长期借款期末余额为2 732 800元。其中本金236万元，列入长期借款的利息372 800元。

本期长期借款利息142 800元，其中财务费用131 690元，列入固定资产5 888元，列入长期待摊费用5 222元。

（4）财务费用。

① 财务费用审计程序表（表1-114）。

表1-114 财务费用审计程序表

被审计单位名称：美居建材有限公司　　索引号：D07　　页次：

　　　　　　　　　　　　　　　　　　编制：　　　　　　日期：

会计期间：　　　　　　　　　　　　批准：　　　　　　日期：

	执行情况说明				
	是否适用	工作底稿索引	执 行 人	日	期
一、审计目标 1. 确定财务费用的记录是否完整。 2. 确定财务费用的计算是否正确。 3. 确定财务费用在会计报表上的披露是否恰当。 二、审计程序 1. 获取或编制财务费用明细表，检查其明细项目的设置是否符合规定的核算内容与范围，并与明细账和总账的金额核对相符。 2. 将本年度的财务费用与上年度的财务费用进行比较，并将本年度各个月份的财务费用进行比较，如有重大波动和异常情况应查明原因。 3. 选择重要或异常的财务费用项目，检查其原始凭证是否合法，会计处理是否正确，必要时，对财务费用实施截止日测试，检查有无跨期入账的现象，对于重大跨期项目，应做必要调整。 4. 审查汇兑损益明细账，检查汇兑损益计算方法是否正确，核对所用汇率是否正确，对于从筹建期间汇兑损益转入的，应查明其摊销方法在前后期是否保持一致，摊销金额是否正确。 5. 验明财务费用是否已在损益表上恰当披露。					

编制说明：结合借款、应付债券及在建工程项目审计，核对相关利息资本化金额是否正确。

② 财务费用审定表（表1-115）。

表1-115 财务费用审定表

被审计单位名称：美居建材有限公司　　索引号：D07-1　　页次：
　　　　　　　　　　　　　　　　　　编制：　　　　　　日期：
会计期间或截止日：　　　　　　　　　复核：　　　　　　日期：

索引号	项目	总账金额	明细账金额				备注
			利息支出	汇兑损失	手续费	其他费用	
	本期发生（未审）数						
	本期转出数						
	调整数						
	审定数						

审计说明及调整：

审计结论：本期财务费用为_____元。

（5）应付利润（股利）。

①应付利润审计程序表（表1-116）。

表1-116 应付利润审计程序表

被审计单位名称：美居建材有限公司　　索引号：B05　　页次：
　　　　　　　　　　　　　　　　　　编制：　　　　　日期：
会计期间：　　　　　　　　　　　　　批准：　　　　　日期：

	执行情况说明			
	是否适用	工作底稿索引	执行人	日期
一、审计目标 1．确定应付利润的发生及偿还记录是否完整。 2．确定应付利润的年末余额是否正确。 3．确定应付利润在会计报表上的披露是否充分。 二、审计程序 1．检查应付利润原始凭证的内容和金额是否与明细账一致。 2．检查应付利润提取和支付的会计处理是否正确，依据是否充分。 3．验明应付利润是否已在资产负债表上充分披露。				

② 应付利润审定表（表1-117）。

表1-117　应付利润审定表

被审计单位名称：美居建材有限公司　　　索引号：B05-1　　　页次：
　　　　　　　　　　　　　　　　　　　　编制：　　　　　　　　日期：
会计期间或截止日：　　　　　　　　　　　复核：　　　　　　　　日期：

索引号	内　容	合　计	合营中方 /（%）	合营外方 /（%）	国家股 /（%）	法人股 /（%）	个人股 /（%）
	期初余额						
	加：本年度分配						
	减：本年度支付						
	期末余额						

审计说明及调整分录：

审计结论：
　　应付利润期末余额为_____万元，待本年度董事会确定后再据实调整。

（6）实收资本。

① 实收资本审计程序表（表1-118）。

表1-118 实收资本审计程序表

被审计单位名称：美居建材有限公司　　　　索引号：C01　　　　　　　页次：
审计项目名称：实收资本　　　　　　　　　　编制：　　　　　　　　　　日期：
会计期间或截止日：　　　　　　　　　　　　批准：　　　　　　　　　　日期：

	执行情况说明			
	是否适用	工作底稿索引	执行人	日　期
一、审计目标 1．确定实收资本的增减变动是否符合法律、法规和合同、章程的规定，记录是否完整。 2．确定实收资本年末余额是否正确。 3．确定实收资本在会计报表上的披露是否恰当。 二、审计程序 1．检查投资者是否已按合同、协议、章程约定时间足额交付出资额，其出资额是否业经中国注册会计师验证；已验资者，应查阅验资报告。 2．检查投资者有无利用往来款项抽资或变相抽资的情况；以外币出资的，检查其实收资本折算汇率是否符合规定，折算差额的会计处理是否正确。 3．检查实收资本增减变动的原因，查阅其是否与董事会会议纪要、补充合同、协议及有关法律性文件的规定一致。 4．验明实收资本是否在资产负债表上恰当披露。				

② 实收资本审定表（表1-119）。

表1-119 实收资本审定表

被审计单位名称：美居建材有限公司　　　　索引号：C01-1　　　　　　页次：
　　　　　　　　　　　　　　　　　　　　　编制：　　　　　　　　　　日期：
会计期间：　　　　　　　　　　　　　　　　复核：　　　　　　　　　　日期：

索引号	投资人	期初数					本期增减数					期末数（记账本位币）		
		注册资本		已验资数		记账本位币	注册资本		已验资数		记账本位币	未审数	调整数	审定数
		币别	金额	原币	记账本位币		币别	金额	原币	记账本位币				
	涂实													
	程为													
	杨文													
	孙起													
	吴安													

续表

索引号	投资人	期初数					本期增减数					期末数（记账本位币）		
		注册资本		已验资数		记账本位币	注册资本		已验资数		记账本位币	未审数	调整数	审定数
		币别	金额	原币	记账本位币		币别	金额	原币	记账本位币				
	合　计													

审计说明及调整分录：

审计结论：
　　实收资本_____万元。

编制说明：
1. 项目栏填投资者名称。
2. 原币栏在金额前用币别符号。
3. 注册资本应根据经有关批准的合同、章程规定的数额填列，并关注与营业执照的登记数相一致。
4. 本期减少数可在金额前用"－"号表示。
5. 关注有无抽资的情况；如有，应在审计报告中作重要事项披露。

（7）公积金。

① 资本公积、盈余公积审计程序表（表1-120）。

表1-120　资本公积、盈余公积审计程序表

被审计单位名称：美居建材有限公司　　　索引号：C02　　　页次：
审计项目名称：资本公积、盈余公积　　　编制：　　　日期：
会计期间或截止日：　　　批准：　　　日期：

	执行情况说明			
	是否适用	工作底稿索引	执行人	日　期
一、资本公积 （一）审计目标 1．确定资本公积的增减变动是否符合法律、法规和合同、章程的规定，记录是否完整。 2．确定资本公积的年末余额是否正确。 3．确定资本公积在会计报表上的披露是否恰当。 （二）审计程序 1．检查资本公积增减变动的内容及其依据，并查阅相关会计记录和原始凭证，以确认其增减变动的合法性和正确性。 2．资本折算差额的会计处理是否正确。 3．验证接受的实物捐赠是否按同类资产的市场价格或根据所提供的有关凭据所确定的价值入账。 4．验证对财产价值进行重估产生的增值是否经国有资产管理部门等机构确认，其会计处理是否正确。 5．验证资本公积转增股本（实收资本）是否经授权批准。 6．验明资本公积是否已在资产负债表上恰当披露。 二、盈余公积 （一）审计目标 1．确定盈余公积的增减变动是否符合法律、法规和合同、章程的规定，记录是否完整。 2．确定的年末盈余公积余额是否正确。 3．确定盈余公积在会计报表上的披露是否恰当。 （二）审计程序 1．获取或编制盈余公积明细表，分别列示法定盈余公积、任意盈余公积和法定公益金，并与明细账和总账的余额核对相符。 2．对盈余公积各明细项目的发生额，逐项审查其原始凭证。 3．检查盈余公积各明细项目的提取比例是否符合有关规定。 4．检查盈余公积减少数是否符合有关规定，会计处理是否正确。 5．检查动用公益金兴建集体福利设施是否按规定冲减公益金并相应增加盈余公积金。 6．验明盈余公积是否在资产负债表上恰当披露。				

② 公积金审定表（表1-121）。

表1-121　公积金审定表

被审计单位名称：美居建材有限公司　　索引号：C02-1　　页次：
　　　　　　　　　　　　　　　　　　编制：　　　　　　　日期：
会计期间或截止日：　　　　　　　　　复核：　　　　　　　日期：

索引号	项目	期初数	本期增加数	本期减少数	期末未审数	调整数	审定数
	一、资本公积	0	0	0	0	0	0
	1.资本折算差额	0	0	0	0	0	0
	2.捐赠公积	0	0	0	0	0	0
	3.拨款转入	0	0	0	0	0	0
	4.股本（资本）溢价	0	0	0	0	0	0
	5.接受现金捐赠	0	0	0	0	0	0
	6.股权投资准备	0	0	0	0	0	0
	7.其他资本公积	0	0	0	0	0	0
	二、盈余公积						
	1.法定盈余公积金						
	2.任意盈余公积金						
	三、储备基金	—	—	—	—	—	—
	四、企业发展基金	—	—	—	—	—	—

资本折算差额查证情况：

收到投入资金时间	出资方式	原币金额	折合注册资本	资产账户		实收资本账户		资本折算差额		
				汇率	记账本位币	汇率	记账本位币	未审数	调整数	审定数

审计说明及调整分录：

审计结论：
　　盈作公积为_____元。

编制说明：1. 公积金如为借方金额，可在金额前用"-"号反映。
　　　　　2. 资本折算中的汇率——使用约定汇率或当日汇率应在审计说明中说明。
　　　　　3. 原币、折合注册资本应在金额前表明币别符号。

（8）未分配利润。

① 未分配利润审计程序表（表1-122）。

表1-122　未分配利润审计程序表

被审计单位名称：美居建材有限公司　　　索引号：C03　　　　　　页次：
审计项目名称：未分配利润　　　　　　　　编制：　　　　　　　　日期：
会计期间或截止日：　　　　　　　　　　　批准：　　　　　　　　日期：

	执行情况说明			
	是否适用	工作底稿索引	执行人	日　期
一、审计目标 1. 确定未分配利润的增减变动的记录是否完整。 2. 确定未分配利润年末余额是否正确。 3. 确定未分配利润在会计报表附注中披露是否恰当。 二、审计程序 1. 检查利润分配比例是否符合合同、协议、章程以及董事会纪要的规定，利润分配数额及年末未分配利润数额是否正确。 2. 根据审计结果调整本年度损益数，经调整后，确定调整后的未分配利润数。 3. 验明未分配利润是否已在资产负债表上恰当披露。				

② 未分配利润审定表（表1-123）。

表1-123　未分配利润审定表

被审计单位名称：美居建材有限公司　　　索引号：C03-1　　　　　页次：
　　　　　　　　　　　　　　　　　　　　编制：　　　　　　　　日期：
会计期间或截止日：　　　　　　　　　　　复核：　　　　　　　　日期：

索引号	项　目	未审数/元	调整数/元	审定数/元	备　注
	一、净利润	789 030			
	加：年初未分配利润	300 000			
	减：提取法定盈余公积金	100 000			
	提取公益金				
	职工奖励及福利基金				
	储备基金				

续表

索引号	项　目	未审数/元	调整数/元	审定数/元	备　注
	企业发展基金				
	二、可供分配利润	989 030			
	减：已分配利润	400 000			
	其中：中方股利	400 000			
	外方股利				
	三、年末未分配利润	589 030			

审计说明及调整分录：

审计结论：
　　年末未分配利润确认为_____元。

编制说明：如亏损，在净利润、未分配利润金额前用"-"号反映。

(9) 所得税。

① 所得税审计程序表 (表1-124)。

表1-124　所得税审计程序表

被审计单位名称: 美居建材有限公司　　索引号: D10　　页次:
　　　　　　　　　　　　　　　　　　编制:　　　　　　日期:
会计期间:　　　　　　　　　　　　　批准:　　　　　　日期:

	执行情况说明			
	是否适用	工作底稿索引	执行人	日 期
一、审计目标 1. 确定企业所得税的记录是否完整。 2. 确定企业所得税的计算依据和会计处理是否正确。 3. 确定企业所得税在会计报表上的披露是否恰当。 二、审计程序 1. 核实应交所得税的计算依据,取得纳税鉴定,核对是否相符。 2. 核实本年应纳税所得额和应交所得税。 3. 检查企业所得税的会计处理方法是否正确,应付税款法或纳税影响会计法的采用在前后期是否保持一致。 4. 根据审计结果和税法规定,计算本年永久性差异和时间性差异,确定应纳税所得额。对于采用纳税影响会计法的,应检查时间性差异是否转作递延税款借项和贷项,以前年度递延税款应属本期负担部分,是否已转销,并计入本年所得税。 5. 检查以前年度损益调整对企业所得税的影响。 6. 验明所得税是否已在损益表上恰当披露。				

② 所得税审定表 (表1-125)。

表1-125　所得税审定表

被审计单位名称: 美居建材有限公司　　索引号: D10-1　　页次:
　　　　　　　　　　　　　　　　　　编制:　　　　　　　日期:
会计期间或截止日:　　　　　　　　　复核:　　　　　　　日期:

索引号	项　目	行次	未审数/元	调整数/元	审定数/元	备注
	本年利润总额	1	1 052 040	-2 120		
	减: 按规定弥补以前年度亏损	2	0			
	经批准的单项留利	3	0			
		4				
	加: 税法不允许列支的项目金额小计	5	0			
	其中: 违法经营罚、没损失	6	0			

续表

索引号	项目	行次	未审数/元	调整数/元	审定数/元	备注
	各项税收的滞纳金、罚金、罚款	7	0			
	各种非救济性、公益性的赞助支出	8	0			
		9				
		10				
	加：超过税法规定标准的金额小计	11	0			
	其中：超过规定的利息支出	12	0			
	超过计税工资部分的工资费用	13	0			
	超过计税工资部分计提的"三项"费用	14	0			
	公益救济性捐赠超过12%的部分	15	0			
	超规定的交际应酬费、业务招待费	16	0			
		17				
		18				
	减：国库券利息收入	19	0			
	已纳税投资收益	21	0			
		22				
	加或减时间性差异影响纳税所得额	23	0			
		24				
		25				
	本年应纳税务局所得额=(1-2-3-4)+(5+11)-(19+20)±(23、24、25)	26	1 052 040			
	适用所得税税率	27	25%			
	本年应交所得税税额	28	263 010	−530		
	年初欠缴所得税	29	60 000			
	本年已预交所得税税额	30	293 010			
	本年应清缴所得税税额	31	30 000			

审计说明及调整分录：

审计结论：
　　本年所得税费用为_____元，欠交所得税_____元。

（10）以前年度损益调整。

以前年度损益调整审计程序表（表1-126）。

表1-126　以前年度损益调整审计程序表

被审计单位名称：美居建材有限公司　　　索引号：D11　　　页次：
审计项目名称：以前年度损益调整　　　　　编制：　　　　　　日期：
会计期间或截止日：　　　　　　　　　　　批准：　　　　　　日期：

	执行情况说明			
	是否适用	工作底稿索引	执行人	日　期
一、审计目标 1．确定以前年度损益调整的记录是否完整。 2．确定以前年度损益调整的计算是否正确。 3．确定以前年度损益调整在会计报表上的披露是否恰当。 二、审计程序 1．审查以前年度损益调整的内容是否真实、合理，会计处理是否正确。 2．对重大调整事项，应逐项核实其原因、依据和有关资料，复核其金额的计算是否正确，并取证。 3．验明以前年度损益调整是否已在损益表上恰当披露。				

1.4 实训任务4——特殊项目审计

实训内容	技　能　点
关注关联方及关联方交易事项、期初余额、期后事项、或有事项	关注到被告审计单位没有这些特殊事项
持续经营能力审计	（1）关注和分析是否存在由于财务活动、经营活动以及其他可能影响企业持续经营能力的事项，如有则复印相关资料或记录依据，形成底稿 （2）对所发现的可能影响持续经营能力的事项，获取被审计单位说明及准备采取的对策，形成底稿 （3）结论及其对审计报告类型的影响程度说明
获取管理当局声明书	获取和沟通管理当局声明书，保证被审计单位不存在误解，签字（盖章）后作为审计证据留存

1.4.1　关联方及关联方交易事项

该企业没有关联方交易事项。

1.4.2　期初余额审计

非首次接受委托，已与前任责任人沟通，无期初余额调整事项。

1.4.3　期后事项审计

资产负债表日至目前无须要特殊披露的事项和发生重大的交易事项。

1.4.4　或有事项审计

未发现或有事项。

1.4.5　持续经营能力审计

　　吴立至在持续经营审计程序表导引下进行审计，发现该公司面临着到期借款和支付股利的资金问题，该公司采取股利支付推迟及向银行借入短期借款、加速资金回收及存货周转等方式加以解决。不存在因此破产清算等中止经营的情况发生，持续经营不存在问题。表中除短期资金外，其他事项视同存在或相符，按有利情况填写。

　　（1）持续经营审计程序表（表1-127）。

表1-127

被审计单位名称：美居建材有限公司	索引号：E05	页次：
审计项目名称：持续经营	编制：	日期：
会计期间或截止日：	批准：	日期：

	执行情况说明			
	是否适用	工作底稿索引	执行人	日期
一、审计目标 1．确定被审计单位的持续经营假设是否合理。 2．确定应予披露的事项，披露是否恰当。 二、审计程序 1．根据会计报表的审计结果以及对期后事项、或有损失的检查，对企业财务状况及被审计单位经营环境的了解，关注被审计单位在财务、经营等方面是否存在的持续经营假设不再合理的各种迹象。 2．与管理当局分析、讨论最近的会计报表，分析最近的财务状况、经营成果和现金流量。 3．与管理当局分析、讨论未来现金流量预测、盈利预测和其他预测。 4．结合对期后事项和或有事项审核结果，判断其对持续经营假设合理性的影响。 5．检查借款合同和债务契约条件的履行情况。 6．查阅股东大会、董事会等重要会议有关财务困境的记录。 7．向被审计单位的法律顾问和律师询问有关诉讼、索赔情况。 8．询问被审计单位管理当局有无改善措施及财务求助计划，并评价其合法性及可行性，判断其能否缓解对持续经营假设的影响。 9．索取管理当局关于持续经营假设的书面声明。 对于应予披露的持续经营事项，检查是否已作恰当披露。				

（2）持续经营审核表（表1-128）。

表1-128 持续经营审核表

被审计单位名称：美居建材有限公司	索引号：E05-1	页次：
	编制：	日期：
会计期间或截止日：	批准：	日期：

事　项	是	否	事　项	是	否
一、企业的财务状况			（4）无法偿还即将到期且无法展期的借款		
（1）资不抵债			（5）过度依赖短期借款筹资		
（2）营运资金出现负数			（6）主要财务指标恶化		
（3）无法偿还到期债务			（7）发生巨额经营性亏损		

续表

事　项	是	否	事　项	是	否
（8）存在大额逾期未付利润			（3）异常原因导致停工、停产		
（9）无法继续履行借款合同中的有关条款			（4）国家法规、政策变化可能造成重大影响		
（10）无法获得供应商正常商业信用			（5）营业期限即将到期，无意继续经营		
（11）无法获得开发必要新产品或进行必要投资所需资金			（6）投资者未履行协议、合同、章程规定的义务，并有可能造成重大不利影响		
（12）存在着大量不良资产且长期未做处理			（7）因自然灾害、战争、不可抗力因素遭受严重损失		
（13）重要子公司无法持续经营且未进行处理			（8）其他导致企业无法持续经营的迹象		
（14）其他显示财务状况恶化的迹象			四、管理当局采取的措施		
二、经营活动情况			（1）资产处置		
（1）关键管理人员离职，且无人替代			（2）资产借后租回		
（2）主导产品不符合国家产业政策或没有市场销路，产品严重积压			（3）取得担保借款		
（3）失去主要市场、特许权或主要供应商			（4）实施资产重组		
（4）人力资源或重要原材料短缺			（5）获得新的投资		
（5）未达到预期经营目标			（6）削减或延缓营业开支		
（6）其他导致恶化的迹象			（7）获得重要原材料的替代品		
三、其他情况			（8）开拓新的市场		
（1）严重违反有关法律法规要求			（9）其他措施		
（2）数额巨大的或有损失					

审核结论：

1.4.6 获取管理当局声明书

管理当局声明书

索引号：X05
页　次：

互申联合会计师事务所（或注册会计师）：

本声明书是针对你们审计我公司截止2014年12月31日的年度财务报表而提供的。审计的目的是对财务报表发表意见，以确定财务报表是否在所有重大方面已按照企业会计准则（本处假设该公司适用的财务编制基础是企业会计准则）的规定编制，并实现公允反映。

尽我们所知，并在作出了必要的查询和了解后，我们确认：

一、_____

1. 我们已履行2011年2月19日签署的审计业务约定书中提及的责任，即根据企业会计准则的规定编制财务报表，并对财务报表进行公允反映。
2. 在作出会计估计时使用的重大假设（包括与公允价值计量相关的假设）是合理的。
3. 已按照企业会计准则的规定对关联方关系及其交易作出了恰当的会计处理和披露。
4. 根据企业会计准则的规定，所有需要调整和披露的资产负债表日后事项都已得到调整和披露。
5. 未更正错报，无论是单独还是汇总起来，对财务报表整体的影响均不重大。未更正错报汇总数附在本声明书后。
6. ……

二、_____

7. 我们已向你们提供下列工作条件：
   (1) 允许接触我们注意到的、与财务报表编制相关的所有信息（如记录、文件和其他事项）。
   (2) 提供你们基于审计目的要求我们提供的其他信息。
   (3) 允许在获取证据时不受限制地接触你们认为必要的本公司的内部人员和其他相关人员。
8. 所有交易均已记录并反映在财务报表中。
9. 我们已向你们披露了由于舞弊可能导致的财务报表重大错报风险的评估结果。
10. 我们已向你们披露了我们注意到的、可能影响本公司的与舞弊或舞弊嫌疑相关的所有信息，这些信息涉及本公司的：
    (1) 管理层。
    (2) 在内部控制中承担重要职责的员工。
    (3) 其他人员（在舞弊行为导致财务报表重大错报的情况下）。
11. 我们已向你们披露了从现任和前任员工、分析师、监管机构等方面获知的、影响财务报表的舞弊指控或舞弊嫌疑的所有信息。
12. 我们已向你们披露了所有已知的、在编制财务报表时应当考虑其影响的违反或涉嫌违反法律、法规的行为。
13. 我们已向你们披露了我们注意到的关联方的名称和特征、所有关联方关系及其交易。
14. ……

附：未更正错报汇总表（略，参见表1-131 审计差异调整表——未调理不符事项汇总表）

美居建材有限公司（盖章）　　　　　　　法定代表人涂实（签章）

中国××市　　　　　　　　　　　　　　总会计师或财务负责人：涂世红（签章）
　　　　　　　　　　　　　　　　　　　2011年2月24日

1.5 实训任务5——审计复核与沟通

实训内容	技　能　点
编制审计差异调整表	（1）汇总编制重分类错误审计差异调整表 （2）汇总编制核算错误审计差异调整表 （3）编制未调整不符事项汇总表 （4）对审计差异与被审计单位进行沟通，形成底稿
编制试算平衡表	（1）编制资产负债表试算平衡表，初步编制审定表 （2）编制利润表试算平衡表，初步编制审定表 （3）与被审计单位沟通试算平衡表，形成底稿
现金流量表审计	（1）根据审计调整事项，重新编制现金流量表 （2）根据现金流量表内部逻辑关系实施分析程序 （3）对现金流量表进行总体性分析 （4）编制完成初步审定的现金流量表 （5）与被审计单位沟通现金流量表的变动情况，形成底稿
所有者权益变动表审计	（1）根据上年所有者权益表和资产负债表所有者权益初步审定结果编制所有者权益变动表 （2）与被审计单位沟通所有者权益的变动情况，形成底稿
重要事项完成情况表	（1）对重要事项进行系统梳理核对，检查是否存在梳漏，是否要追加程序 （2）比较未调整不符事项所涉及的金额与重要性水平，决定是否追加审计程序 （3）对影响持续经营能力的事项进行汇总分析影响程度，初步确定审计意见类型
二级复核和三级复核	（1）将整理并内部复核的资料交二级复核人，汇报重大事项，听取复核人意见，复核签字形成底稿（实训时要熟悉二级复核人的复核要点） （2）将整理并内部复核的资料交三级复核人，汇报重大事项，听取复核人意见，复核签字形成底稿（实训时要熟悉三级复核人的复核要点）

1.5.1 审计差异调整表

（1）审计差异调整表——重分类分录汇总表（表1-129）。

表1-129 审计差异调整表
——重分类分录汇总表

被审计单位名称：美居建材有限公司　　索引号：X01（1/3）　　页次：
　　　　　　　　　　　　　　　　　　　编制：　　　　　　　　　日期：
会计期间：　　　　　　　　　　　　　　复核：　　　　　　　　　日期：

序号	索引号	调整分录及说明	资产负债表		损益（利润）表		被审单位调整情况及未调整原因
			借方	贷方	借方	贷方	
							已沟通同意调整
		合　计					

交换意见情况：

　　被审计单位代表：涂世红　　　　　参加人员：
　　项目负责人：吴立至　　　　　　　审计人员：王勤、李缘
　　双方签字：　　　　　　　　　　　签字日期：2011年2月24日

编制说明：1. 本表用于汇总审计过程中发现的应调整事项。
　　　　　2. 根据调整分录借、贷方归属资产负债类或损益类，将其对应金额分别填入"资产负债表""损益表"的"借方""贷方"。
　　　　　3. 索引号根据该调整分录所在审计工作底稿索引号填列。
　　　　　4. 必须将调整原因列于调整分录之后。

（2）审计差异调整表——核算差错分录汇总表（表1-130）。

表1-130　审计差异调整表
——核算差错分录汇总表

被审计单位名称：美居建材有限公司　　索引号：X01（2/3）　　　　页次：
　　　　　　　　　　　　　　　　　　　编制：　　　　　　　　　　　日期：
会计期间：　　　　　　　　　　　　　　复核：　　　　　　　　　　　日期：

序号	索引号	调整分录及说明	资产负债表		损益（利润）表		被审计单位调整情况及未调整原因
			借方	贷方	借方	贷方	
1	A04-1、A04-2						被审计单位同意调整
2	D10-1						被审计单位同意调整
3	C02-1						已沟通同意调整
4	A07-1-1、A11-1						已沟通同意调整
		合　计					

交换意见情况：
　　被审计单位代表：涂世红　　　　　　参加人员：
　　项目负责人：吴立至　　　　　　　　审计人员：王勤、李缘
　　双方签字：　　　　　　　　　　　　签字日期：2011年2月24日

编制说明：1. 本表用于汇总审计过程中发现的应调整事项。
　　　　　2. 根据调整分录借、贷方归属资产负债类或损益类，将其对应金额分别填入"资产负债表""损益表"的"借方""贷方"。
　　　　　3. 索引号根据该调整分录所在审计工作底稿索引号填列。
　　　　　4. 必须将调整原因列于调整分录之后。

（3）审计差异调整表——未调整不符事项汇总表（表1-131）。

表1-131　审计差异调整表
——未调整不符事项汇总表

被审计单位名称：美居建材有限公司　　　索引号：X01（3/3）　　　页次：
　　　　　　　　　　　　　　　　　　　编制：　　　　　　　　　　　日期：
会计期间：　　　　　　　　　　　　　　复核：　　　　　　　　　　　日期：

序号	索引号	调整分录及说明	资产类 借/贷	负债类 借/贷	损益类 借/贷	备注
1	B05-1		—	—	—	
2	A04-3					
		合　计				

未予调整的影响　　　　　　　金额　　　　　　　　　百分比
　1．净利润
　2．营业收入
　3．净资产
　4．总资产

审计结论：

编制说明：1．本表用于汇总审计过程中发现的注册会计师认为可不做调整的所有不符事项的审计差异。
　　　　　2．不符事项影响归属资产、负债类或损益类，将其对应金额分别填入"资产负债表""损益表"的"借方""贷方"。
　　　　　3．如汇总后对净利润、营业收入、净资产、总资产等影响超过重要性水平，则需按调整事项处理。但可在审计结论中表述，无须再转入审计差异调整表。
　　　　　4．索引号根据该事项所在审计工作底稿索引号填列。
　　　　　5．未予调整的影响中"金额"栏即为审定后净资产、营业收入、净利润、总资产的金额，百分比栏根据合计不做调整的"资产类""损益类"金额除以上述计算金额。
　　　　　6．结论应表明不做调整的影响是否超过重要性水平，并说明其对审计意见的影响。

1.5.2　试算平衡表

（1）资产负债表试算平衡（表1-132）。

表1-132 资产负债调整表

编制单位：美居建材有限公司　　　　2014年12月31日　　　　　　　　　　　　　单位：元

资　产	未审数	调整数	审定数	负债和所有者权益	未审数	调整数	审定数
流动资产：				流动负债：			
货币资金	600 800			短期借款	500 000		
交易性金融资产	0			交易性金融负债	0		
应收票据	300 000			应付票据	323 820		
应收账款	2 400 000			应付账款	5 387 150		
预付款项	0			预收款项	0		
应收利息	0			应付职工薪酬	150 000		
应收股利	0			应交税费	30 000		
其他应收款	32 000			应付利息	0		
存货	8 200 000			应付股利	400 000		
1年内到期非流动资产				其他应付款	20 000		
其他流动资产				1年内非流动负债	0		
流动资产合计	11 532 800			其他流动负债	0		
非流动资产：				流动负债合计	6 810 970		
可出售金融资产				非流动负债：	0		
持有至到期投资				长期借款	2 732 800		
长期应收款				应付债券	0		
长期股权投资				长期应付款	0		
投资性房地产				专项应付款	0		
固定资产	6 700 000			预计负债	0		
在建工程				递延所得税负债	0		
工程物资				其他非流动负债	0		
固定资产清理				非流动负债合计	2 732 800		
生产生物资产				负债合计	9 543 770		
油汽资产				所有者权益：			
无形资产	1 500 000			实收资本	10 000 000		
开发支出				资本公积	0		
商誉				减：库存股	0		
长期待摊费用	1 000 000			盈余公积	600 000		
递延所得税资产				未分配利润	589 030		
其他非流动资产				所有者权益合计	11 189 030		
非流动资产合计	9 200 000						
资产总计	20 732 800			负债和所有者权益总计	20 732 800		

（2）利润表试算平衡表（表1-133）。

表1-133　利润表试算平衡表

被审计单位名称：美居建材有限公司　　　索引号：X03　　　　　　页次：
　　　　　　　　　　　　　　　　　　　　编制：　　　　　　　　　　日期：
会计期间或截止日：　　　　　　　　　　　批准：　　　　　　　　　　日期：

项目		未审数	调整金额		审定数	索引号
			借方	贷方		
一	营业收入	11 690 000				
	减：营业成本	8 460 000				
	营业税金及附加	31 370				
	销售费用	1 202 448				
	管理费用	606 118				
	财务费用	169 690				
	资产减值损失	58 334				
	加：公允价值变动损益	0				
	投资收益	20 000				
二	营业利润	1 182 040				
	加：营业外收入	20 000				
	减：营业外支出	150 000				
三	利润总额	1 052 040				
	减：所得税费用	263 010				
四	净利润	789 030				

注：此表将重分类调整与核算差错调整均作一样对待，也可分别对待。

1.5.3　现金流量表审计

（1）现金流量表复核表（表1-134）。

表1-134　现金流量表复核表

编制单位：美居建材有限公司（盖章）　　　2014年12月

项目	本期金额/元	上期金额
一、经营活动产生的现金流量：		
销售商品、提供劳务收到的现金	12 496 966	收入与销项税13 677 300、应收、预付（期初1 651 666-期末2 832 000）-1 180 334
收到的税费返还		
收到其他与经营活动有关的现金	20 000	没收押金20 000
经营活动现金流入小计	12 516 966	销售成本846万，进项税1 673 600、存货（期初-期末）1 350 000元、应付预收（期初4 630 000-期末5 880 970）-1 250 970
购买商品、接受劳务支付的现金	10 232 630	

续表

项　　目	本期金额/元	上期金额
支付给职工以及为职工支付的现金	846 950	销售和管理费用中分别为640 250和256 700，减去应付薪酬增加50 000
支付的各项税费	709 840	见B06-1已交税费合计
支付其他与经营活动有关的现金	219 856	销售和管理费用中分别为159 856、30 000、应交税费（期初-期末）30 000
经营活动现金流出小计	12 009 276	
经营活动产生的现金流量净额	507 690	
二、投资活动产生的现金流量：		
收回投资收到的现金	220 000	交易性金融资产本金及收益20万及2万
取得投资收益收到的现金	0	
处置固定资产、无形资产和其他长期资产收回的现金净额	50 000	固定资产清理现金净流入5万（6万-1万）
处置子公司及其他营业单位收到的现金净额	0	
收到其他与投资活动有关的现金	0	
投资活动现金流入小计	270 000	
购建固定资产、无形资产和其他长期资产支付的现金	1 018 890	固定资产及长期待摊等长期资产100万、电子与其他设备3万，减资本化利息1 111
投资支付的现金	0	
取得子公司及其他营业单位支付的现金净额	0	
支付其他与投资活动有关的现金	0	
投资活动现金流出小计	1 018 890	
投资活动产生的现金流量净额	-748 890	
三、筹资活动产生的现金流量：		
吸收投资收到的现金	0	
取得借款收到的现金	960 000	借款短期50万+长期46万
收到其他与筹资活动有关的现金		
筹资活动现金流入小计	960 000	
偿还债务支付的现金	200 000	还短期借款20万
分配股利、利润或偿付利息支付的现金	331 000	支付利润30万、现金付息31 000
支付其他与筹资活动有关的现金	7 000	手续费及利息收入（4 480+3 610-1 090）
筹资活动现金流出小计	538 000	
筹资活动产生的现金流量净额	422 000	
四、汇率变动对现金及现金等价物的影响	0	
五、现金及现金等价物净增加额	180 800	
加：期初现金及现金等价物余额	420 000	
六、期末现金及现金等价物余额	600 800	

表1-134 （续）现金流量表附注

补充资料	本期金额	上期金额
一、净利润调节为经营活动现金流量：		
净利润	789 030	
加：资产减值准备	58 334	
固定资产折旧、油气资产折耗、生产性资产折旧	470 000	
无形资产摊销	200 000	
长期待摊费用摊销	0	
处置固定资产、无形资产和其他长期资产的损失（收益以"-"号填列）	150 000	
固定资产报废损失（收益以"-"号填列）	0	
公允价值变动损失（收益以"-"号填列）	0	
财务费用（收益以"-"号填列）	169 690	
投资损失（收益以"-"号填列）	-20 000	
递延所得税资产减少（增加以"-"号填列）	0	
递延所得税负债增加（减少以"-"号填列）	0	
存货的减少（增加以"-"号填列）	-1 350 000	
经营性应收项目的减少（增加以"-"号填列）	-1 180 334	
经营性应付项目的增加（减少以"-"号填列）	1 250 970	
其他	-30 000	应交税费期初-期末
经营活动产生的现金流量净额	507 690	
二、不涉及现金收支的重大投资和筹资活动：		
债务转为资本	0	
1年内到期的可转换公司债券	0	
融资租入固定资产	0	
三、现金及现金等价物净增加情况：		
现金的期末余额	600 800	
减：现金的期初余额	420 000	
加：现金等价物的期末余额	0	
减：现金等价物的期初余额	0	
现金及现金等价物净增加额	180 800	

（2）现金流量表审定表（表1-135）。

表1-135 现金流量表审定表

编制单位：美居建材有限公司（盖章）　　2014年12月　　　　　　　　　单位：元

项　目	本期金额	上期金额
一、经营活动产生的现金流量：		
销售商品、提供劳务收到的现金		
收到的税费返还		
收到其他与经营活动有关的现金		
经营活动现金流入小计		
购买商品、接受劳务支付的现金		
支付给职工以及为职工支付的现金		
支付的各项税费		
支付其他与经营活动有关的现金		
经营活动现金流出小计		
经营活动产生的现金流量净额		
二、投资活动产生的现金流量：		
收回投资收到的现金		
取得投资收益收到的现金		
处置固定资产、无形资产和其他长期资产收回的现金净额		
处置子公司及其他营业单位收到的现金净额		
收到其他与投资活动有关的现金		
投资活动现金流入小计		
购建固定资产、无形资产和其他长期资产支付的现金		
投资支付的现金		
取得子公司及其他营业单位支付的现金净额		
支付其他与投资活动有关的现金		
投资活动现金流出小计		
投资活动产生的现金流量净额		
三、筹资活动产生的现金流量：		
吸收投资收到的现金		
取得借款收到的现金		
收到其他与筹资活动有关的现金		
筹资活动现金流入小计		
偿还债务支付的现金		
分配股利、利润或偿付利息支付的现金		
支付其他与筹资活动有关的现金		
筹资活动现金流出小计		
筹资活动产生的现金流量净额		
四、汇率变动对现金及现金等价物的影响		
五、现金及现金等价物净增加额		
加：期初现金及现金等价物余额		
六、期末现金及现金等价物余额		

表1-135（续）现金流量表附注

补充资料	本期金额	上期金额
一、将净利润调节为经营活动现金流量：		
净利润		
加：资产减值准备		
固定资产折旧、油气资产折耗、生产性资产折旧		
无形资产摊销		
长期待摊费用摊销		
处置固定资产、无形资产和其他长期资产的损失（收益以"－"号填列）		
固定资产报废损失（收益以"－"号填列）		
公允价值变动损失（收益以"－"号填列）		
财务费用（收益以"－"号填列）		
投资损失（收益以"－"号填列）		
递延所得税资产减少（增加以"－"号填列）		
递延所得税负债增加（减少以"－"号填列）		
存货的减少（增加以"－"号填列）		
经营性应收项目的减少（增加以"－"号填列）		
经营性应付项目的增加（减少以"－"号填列）		
其他		
经营活动产生的现金流量净额		
二、不涉及现金收支的重大投资和筹资活动：		
债务转为资本		
1年内到期的可转换公司债券		
融资租入固定资产		
三、现金及现金等价物净增加情况：		
现金的期末余额		
减：现金的期初余额		
加：现金等价物的期末余额		
减：现金等价物的期初余额		
现金及现金等价物净增加额		

1.5.4　所有者权益变动表审计

（1）按该公司未审表编制所有者权益变动表（表1-136）。

表1-136 所有者权益变动表

企会04表

编制单位：美居建材有限公司　　　2014年度　　　单位：元

项目	本年金额						上年金额					
	实收资本	资本公积	减库存股	盈余公积	未分配利润	所有者权益合计	实收资本	资本公积	减库存股	盈余公积	未分配利润	所有者权益合计
一、上年末余额	10 000 000			500 000	300 000	10 800 000						
加：会计政策变更												
前期差错更正												
二、本年初余额	10 000 000			500 000	300 000	10 800 000						
三、本年增减变动金额（减用"-"号）												
（一）净利润					789 030	789 030						
（二）直接计入所有者权益的利得、损失												
1．可出售金融资产公允价值变动净额												
2．权益法下被投资单位其他所有者权益变动影响												
3．与计入所有者权益项目相关的所得税影响												
4．其他												
上述（一）和（二）小计					789 030	789 030						
（三）所有者投入、减少资本												
1．所有者投入资本												
2．股份支付计入所有者权益的金额												
3．其他												
（四）利润分配												
1．提取盈余公积				100 000	-100 000	0						
2．对所有者或股东分配					-400 000	-400 000						
3．其他												
（五）所有者权益内部结转												
1．资本公积转增资本												
2．盈余公积转增资本												
3．盈余公积弥补亏损												
4．其他												
四、本年末余额	10 000 000			600 000	589 030	11 189 030						

（2）所有者权益变动表审定表（表1-137）。

表1-137　所有者权益变动表审定表

编制单位：美居建材有限公司　　　　　　2014年度　　　　　　　　　　　　单位：元

项　目	本年金额						上年金额					
	实收资本	资本公积	减库存股	盈余公积	未分配利润	所有者权益合计	实收资本	资本公积	减库存股	盈余公积	未分配利润	所有者权益合计
一、上年末余额												
加：会计政策变更												
前期差错更正												
二、本年初余额												
三、本年增减变动金额（减用"-"号）												
（一）净利润												
（二）直接计入所有者权益的利得、损失												
1. 可供出售金融资产公允价值变动净额												
2. 权益法下被投资单位其他所有者权益变动影响												
3. 与计入所有者权益项目相关的所得税影响												
4. 其他												
上述（一）和（二）小计												
（三）所有者投入、减少资本												
1. 所有者投入资本												
2. 股份支付计入所有者权益的金额												
3. 其他												
（四）利润分配												
1. 提取盈余公积												
2. 对所有者或股东分配												
3. 其他												
（五）所有者权益内部结转												
1. 资本公积转增资本												
2. 盈余公积转增资本												
3. 盈余公积弥补亏损												
4. 其他												
四、本年末余额												

1.5.5 重要审计事项完成核对表

重要审计事项完成核对表见表1-138。

表1-138 重要审计事项完成核对表

被审计单位名称：美居建材有限公司		索引号：X04		页次：	
		编制：		日期：	
会计期间：		复核：		日期：	

项目	完成情况		说明
	完成	未完成	
审计业务约定			
审计总体计划和具体计划编制			
内部控制制度调查			
确定的符合性测试项目			
确定的截止性测试项目			
存货监盘或抽盘			
固定资产抽盘			
应收账款函证			
上年审计调整事项处理核查			
期后事项财务影响评价			
或有事项财务影响评价			
会计政策、重要会计估计变更影响评价			
获取被审计单位声明书			
关注持续经营假设的合理性			
审阅重要的董事会记录			
审计工作总结			
审计工作底稿复核			指二级和三级复核

主任会计师： 部门经理： 项目负责人：吴立至

编制说明：1. 核对项目可以根据实际情况增加。

2. "审计工作底稿复核"栏仅指项目负责人的复核。

3. 如未完成某事项，应在"编制说明"栏中详细阐述原因，并分析该事项对审计意见的影响。

1.5.6　二级和三级复核

孙望与涂定康按照二级和三级复核的导引表进行了复核，对已执行的程序均填写已执行，对复核内容均评定为合格，并同意出具标准无保留意见审计报告。

1. 二级复核（孙望）

（1）（二级）复核程序表（表1-139）。

表1-139　部门经理的质量控制（二级）复核程序表

客户：美居建材有限公司	编制人：孙望	日期：2011年2月25日	索引号：GL12
审计期间：	复核人：	日期：	页次：

一、复核目的 1．加强质量控制。 2．避免发生判断错误和重大遗漏，降低审计风险。		
二、复核要点	执行情况说明	索引号
1．审核审计计划所确定的审计范围和重要程序是否适当，是否实现了审计目标。		
2．审阅审计计划和内控制度调查记录，审核《重大问题请示报告》和审计报告底稿，并对重点科目的工作底稿进行详细复核，复核内容包括： （1）是否根据审计计划要求的审计重点和审计方法对重要会计科目的风险大的审计领域进行了审计。 （2）通过审计计划、内控调查和审计测试所发现的重大问题（包括去年审计中提请今年注意的问题），是否事实清楚、取证充分。 （3）项目经理对上述问题的处理是否恰当，拟调整分录是否得到客户认可，未调整事项的处理是否符合对重要事项进行会计披露的要求。 （4）是否已将上述审核过程、审核依据和审核结论完整地反映在工作底稿上。 （5）重要的或易存在问题的报表项目，是否还存在未被发现的重大问题。		
3．是否对金融性交易、关联交易、持续经营、期后事项和或有事项等重大事项进行过审核并作出结论。		
4．复核审计工作底稿中重要的勾稽关系是否正确；审核审计报告的内容、类型和披露的问题是否符合中注协和证监会（此处针对股份制企业）的有关规定。		
5．复核已审计会计报表总体上是否合理、可信。		
6．审核审计报告是否规范，问题的披露是否充分。		

（2）（二级）复核记录（表1-140）。

表1-140 部门经理质量控制（二级）复核记录

客户：美居建材有限公司　　　　编制人：　　　　日期：　　　　索引号：GL12-1
审计期间：　　　　　　　　　　复核人：孙望　　　日期：2011年2月25日　　页次：

索引号	复核要点	项目负责人执行结果	复核人意见
	总体策略与具体计划		
	存货与成本测试与审计		
	调整事项		
	试算平衡表		
	应获取资料		
	分析表		
	重要交易事项		

2. 三级复核工作底稿（涂定康）

（1）三级复核工作底稿（表1-141）。

表1-141　三级复核工作底稿

客户：美居建材有限公司　　　签名：　　　　日期：　　　　索引号：GL11
审计期间：　　　　　　　　　编制人：　　　　　　　　　　页次：

	执行情况说明	索引号
一、复核目的 1．加强质量控制。 2．避免发生判断错误和重大遗漏，降低审计风险。		
二、复核要点 1．复核审计计划是否经过部门经理核准，《重大问题请示报告》是否完备，并经逐级审批。 2．复核《重大问题请示报告》和审计报告底稿，必要时抽查支持总体评价的工作底稿，检查内容主要有： （1）审核重大问题的处理是否恰当。 （2）分析审定后的会计报表是否还存在重大错误的可能性。 3．分析判断被审计单位是否具备持续经营能力。 4．以应有的职业谨慎，考虑对重大事项的处理，最终审定结论与报告类型；重大问题揭示与文字表达是否符合独立审计准则的规定。		

（2）三级复核记录（表1-142）。

表1-142　三级复核记录

客户：美居建材有限公司　　　签名：涂定康　　　日期：2011年2月25日　　　索引号：GL11-1
审计期间：　　　　　　　　　编制人：　　　　　　　　　　页次：

索引号	复核要点	执行结果	复核意见
（略）	重大事项报告及处理		
（略）	被审单位情况及会计政策		
（略）	风险的评价		
（略）	所采取审计程序的恰当性		
（略）	拟出报告的类型及草稿	标准无保留意见报告	同意

1.6 实训任务6——出具审计报告

实训内容	技 能 点
出具审计报告	（1）根据沟通与复核意见确定报告类型，草拟审计报告 （2）完成审计报告及其后附报表、会计报表附注 （3）交付后勤人员出具报告

出具的审计报告（吴立至）主要由审计报告正文、后附会计报表和会计报表附注构成。

1. 审计报告正文

审计报告

×互审字（2014）第18号

美居建材有限公司全体股东：

我们审计了后附的 美居建材有限公司（以下简称贵公司）财务报表，包括2014年12月31日的资产负债表（表1-143）、2014年度的利润表（表1-144）、现金流量表（表1-145）和所有者权益变动表（表1-146）及财务报表附注。

一、管理层对财务报表的责任

按照《企业会计准则》和《企业会计制度》的规定编制财务报表是贵公司管理层的责任。这种责任包括：

（1）

（2）

二、注册会计师的责任

我们的责任是

审计工作涉及实施审计程序，以获取有关财务报表金额和披露的审计证据。选择的审计程序取决于注册会计师的判断，包括对由于舞弊或错误导致的财务报表重大错报风险的评估。在进行风险评估时，我们考虑与财务报表编制相关的内部控制，以设计恰当的审计程序，但目的并非对内部控制的有效性发表意见。审计工作还包括评价管理层选用会计政策的恰当性和作出会计估计的合理性，以及评价财务报表的总体列报。

我们相信，

三、审计意见

我们认为，

会计师事务所（盖章）　　　　　主任会计师：涂定康
　　　　　　　　　　　　　　　中国注册会计师：吴立至
中国××市　　　　　　　　　　2015年2月25日

2. 后附会计报表

（1）资产负债表（表1-143）。

表1-143　资产负债表　　　　　　　　　　　　　　　会企01表

编制单位：美居建材有限公司（盖章）　　2014年12月31日　　　　　　　单位：元

资产	期末余额	年初余额	负债和所有者权益	期末余额	年初余额
流动资产：			流动负债：		
货币资金		420 000	短期借款		200 000
交易性金融资产		200 000	交易性金融负债		0
应收票据		100 000	应付票据		100 000
应收账款		1 000 000	应付账款		3 400 000
预付款项		500 000	预收款项		1 000 000
应收利息		0	应付职工薪酬		100 000
应收股利		0	应交税费		60 000
其他应收款		10 000	应付利息		0
存货		6 850 000	应付股利		300 000
1年内到期非流动资产		0	其他应付款		30 000
其他流动资产		0	1年内到期非流动负债		0
流动资产合计		9 080 000	其他流动负债		0
非流动资产：			流动负债合计		5 190 000
可供出售金融资产		0	非流动负债：		
持有至到期投资		0	长期借款		2 130 000
长期应收款		0	应付债券		0
长期股权投资		0	长期应付款		0
投资性房地产		0	专项应付款		0
固定资产		7 340 000	预计负债		0
在建工程		0	递延所得税负债		0
工程物资		0	其他非流动负债		0
固定资产清理		0	非流动负债合计		2 130 000
生产性生物资产		0	负债合计		7 320 000
油气资产		0	所有者权益：		
无形资产		1 700 000	实收资本		10 000 000
开发支出		0	资本公积		0
商誉		0	减：库存股		0
长期待摊费用		0	盈余公积		500 000
递延所得税资产		0	未分配利润		300 000
其他非流动资产		0	所有者权益合计		10 800 000
非流动资产合计		9 040 000			
资产总计		18 120 000	负债和所有者权益总计		18 120 000

主任注册会计师：涂定康（签章）　　　　　　中国注册会计师：吴立至（签章）

（2）利润表（表1-144）。

表1-144　利润表　　　　　　　　　　　　　　　　　　　　　　企会02表

编制单位：美居建材有限公司（盖章）　　　2014年12月　　　　　　　　　　　　单位：元

项　目	本期金额	上期金额
一、营业收入		10 560 000
减：营业成本		7 926 000
营业税金及附加		29 240
销售费用		968 004
管理费用		514 330
财务费用		131 200
资产减值损失		41 666
加：公允价值变动收益（损失以"-"号填列）		0
投资收益（损失以"-"号填列）		0
其中：对联营企业和合营企业投资收益		0
二、营业利润（亏损以"-"号填列）		949 560
加：营业外收入		0
减：营业外支出		0
其中：非流动资产处置损失		0
三、利润总额（亏损总额以"-"号填列）		949 560
减：所得税费用		237 390
四、净利润（净亏损以"-"号填列）		712 170

主任注册会计师：涂定康（签章）　　　　　　　中国注册会计师：吴立至（签章）

（3）现金流量表（表1-145）。

表1-145　现金流量表　　　　　　　　　　　　　　　　　　　　　会企03表

编制单位：美居建材有限公司（盖章）　　　2014年12月　　　　　　　　　　　　单位：元

项　目	本期金额	上期金额
一、经营活动产生的现金流量：		
销售商品、提供劳务收到的现金		
收到的税费返还		
收到其他与经营活动有关的现金		
经营活动现金流入小计		
购买商品、接受劳务支付的现金		
支付给职工以及为职工支付的现金		

续表

项　目	本期金额	上期金额
支付的各项税费		
支付其他与经营活动有关的现金		
经营活动现金流出小计		
经营活动产生的现金流量净额		
二、投资活动产生的现金流量：		
收回投资收到的现金		
取得投资收益收到的现金		
处置固定资产、无形资产和其他长期资产收回的现金净额		
处置子公司及其他营业单位收到的现金净额		
收到其他与投资活动有关的现金		
投资活动现金流入小计		
购建固定资产、无形资产和其他长期资产支付的现金		
投资支付的现金		
取得子公司及其他营业单位支付的现金净额		
支付其他与投资活动有关的现金		
投资活动现金流出小计		
投资活动产生的现金流量净额		
三、筹资活动产生的现金流量：		
吸收投资收到的现金		
取得借款收到的现金		
收到其他与筹资活动有关的现金		
筹资活动现金流入小计		
偿还债务支付的现金		
分配股利、利润或偿付利息支付的现金		
支付其他与筹资活动有关的现金		
筹资活动现金流出小计		
筹资活动产生的现金流量净额		
四、汇率变动对现金及现金等价物的影响		
五、现金及现金等价物净增加额		
加：期初现金及现金等价物余额		
六、期末现金及现金等价物余额		

表1-145（续） 现金流量表附注

补充资料	本期金额	上期金额
一、将净利润调节为经营活动现金流量：		
净利润		
加：资产减值准备		
固定资产折旧、油气资产折耗、生产性资产折旧		
无形资产摊销		
长期待摊费用摊销		
处置固定资产、无形资产和其他长期资产的损失（收益以"-"号填列）		
固定资产报废损失（收益以"-"号填列）		
公允价值变动损失（收益以"-"号填列）		
财务费用（收益以"-"号填列）		
投资损失（收益以"-"号填列）		
递延所得税资产减少（增加以"-"号填列）		
递延所得税负债增加（减少以"-"号填列）		
存货的减少（增加以"-"号填列）		
经营性应收项目的减少（增加以"-"号填列）		
经营性应付项目的增加（减少以"-"号填列）		
其他		
经营活动产生的现金流量净额		
二、不涉及现金收支的重大投资和筹资活动：		
债务转为资本		
1年内到期的可转换公司债券		
融资租入固定资产		
三、现金及现金等价物净增加情况：		
现金的期末余额		
减：现金的期初余额		
加：现金等价物的期末余额		
减：现金等价物的期初余额		
现金及现金等价物净增加额		

主任注册会计师：涂定康（签章）　　　　　　中国注册会计师：吴立至（签章）

（4）所有者权益变动表（表1-146）。

表1-146 所有者权益变动表　　　　　企会04表

编制单位：美居建材有限公司（盖章）　　　2014年度　　　　　　　　　　单位：元

项　目	本年金额						上年金额					
	实收资本	资本公积	减库存股	盈余公积	未分配利润	所有者权益合计	实收资本	资本公积	减库存股	盈余公积	未分配利润	所有者权益合计
一、上年末余额												
加：会计政策变更												
前期差错更正												
二、本年初余额												
三、本年增减变动金额（减用"-"号）												
（一）净利润												
（二）直接计入所有者权益的利得、损失												
1. 可出售金融资产公允价值变动净额												
2. 权益法下被投资单位其他所有者权益变动影响												
3. 与计入所有者权益项目相关的所得税影响												
4. 其他												
上述（一）和（二）小计												
（三）所有者投入、减少资本												
1. 所有者投入资本												
2. 股份支付计入所有者权益的金额												
3. 其他												
（四）利润分配												
1. 提取盈余公积												
2. 对所有者或股东分配												
3. 其他												
（五）所有者权益内部结转												
1. 资本公积转增资本												
2. 盈余公积转增资本												
3. 盈余公积弥补亏损												
4. 其他												
四、本年末余额												

主任注册会计师：涂定康（签章）　　　　中国注册会计师：吴立至（签章）

3. 会计报表附注

会计报表附注

(公司盖章)

一、公司的一般情况及业务活动

美居建材有限公司（以下称"本公司"）为一家于2003年6月7日在中华人民共和国××省××市成立的有限责任公司，最初注册资本为500万元，2007变更注册资本为1 000万元，变更后经营期限为20年。本公司于2007年1月1日取得变更后企业法人营业执照。本公司成立时的投资方均为自然人，他们分别为涂实、程为、杨文、孙起、吴安，他们的投资比例分别为60%和10%、10%、10%、10%。注册资本人民币1 000万元，法人代表是涂实，公司注册地址：××省××市。

本公司的营业范围为：销售墙体材料、钢材、铝材、水暖器材、油漆、家具、灯具等建筑、装饰、装修材料。

二、会计报表编制基准

本会计报表按照中华人民共和国财政部颁发的《企业会计准则》《企业会计制度》及相关补充规定编制。

三、主要会计政策

1. 会计年度

本公司会计年度为公历1月1日起至12月31日止。

2. 记账本位币

本公司以人民币为记账本位币。

3. 现金及现金等价物

列示于现金流量表中的现金是指库存现金及可随时用于支付的银行存款，现金等价物是指持有的期限短、流动性强、易于转换为已知金额的现金及价值变动风险很小的投资。

4. 存货

本公司存货主要是库存商品、包装物及低值易耗品。库存商品按售价金额法核算，设置"商品进销差价"核算含税售价与不含税进价之间的差额。

5. 固定资产和折旧

本公司外购或自建固定资产按实际成本入账。固定资产折旧年限在固定资产形成时按单项固定资产结合税务部分对固定资产折旧年限的规定据以确定，一经确定，不得随意改变。

6. 无形资产其他资产

自制专利技术的研制成本在发生时计入管理费用，成功后的开发成本列作无形资产，外购无形资产以购入的实际成本入账；土地使用权按购入成本入账，按使用权证上的使用期限分期摊销。产品销售许可权按购买年限确定分摊期限，没有期限规定的，按不少于5年进行分摊。

7. 收入成本确认

销售收入于产品发出且取得收取货款的权利时确认。受托代销商品均为买断方式，在向委托方开具已销商品清单后，视同本企业商品销售，计入营业收入。

本公司产品销售成本主要是进价成本，进销存过程中发生的职工薪酬、广告费、保管费、日常零星开支等，列入销售费用。

8. 盈余公积和未分配利润

本公司根据《中华人民共和国公司法》、本公司章程及董事会的决议按上年度净利润的10%计提法定盈余公积，不计提任意盈余公积。盈余公积和未分配利润用于扩大再生产和转增资本。

四、主要税项

1. 企业及地方所得税

企业及地方所得税费用的会计处理采用应付税款法。收入总额减除可税前扣除的成本、费用及损失后的余额为应纳税所得额。企业所得税按照本年度应纳税所得额按照税率25%（上年度：25%）计算确认。

2. 增值税

本公司产品销售业务适应增值税，税率为17%。本公司购买商品等支付的增值税进项税额可以抵扣销项税。具有发票的运费按7%的抵扣率抵扣销项税。本公司的增值税应纳税额为当期销项税额抵减可以抵扣的进项税额后的余额。

五、本单位重要财务指标

速动比率=速动资产/流动负债=_____

流动比率=流动资产/流动负债=_____

资产负债率=负债/资产=_____

存货周转率=成本/平均存货=_____

应收账款周转率=收入/平均应收款=_____

收入利润率=净利润/收入=_____

已获利息倍数=息税前利润/利息费用=_____

六、本单位重要业务情况说明

1. 应收账款、其他应收款、坏账准备及其构成

　　可列表（略）。

2. 存货及其构成

　　可列表（略）。

3. 固定资产、累计折旧及其构成

　　可列表（略）。

4. 应付职工薪酬及其构成

　　可列表（略）。

5. 长期负债及其构成

　　可列表（略）。

七、其他重大事项说明

1. 重大关联方交易

本单位无重大关联方交易。

2. 持续经营能力

本单位除短期偿债能力偏弱，可推迟发放投资者利润或短期借款等方式解决，不会影响持续经营能力。本公司将采取加速存货周转及应收账款催账政策等策略，改善经营中的不利之处。

3. 长期借款

本公司长期借款均为抵押贷款，共计本息_____万元。

4. 现金流量情况

本公司本年经营活动产生的现金净流入量为_____元，投资活动产生的现金净流入量为_____元，筹资活动产生的净现金流入量为_____元。

5. 所有者权益变动情况

本公司所有者权益合计为_____元。本年增加_____元。该金额扣除了本年预分配利润_____万元。

2014年12月31日

1.7 实训任务7——整理审计底稿

实训内容	技能点
整理审计工作底稿	（1）按审计工作底稿索引（目录）整理审计工作底稿 （2）对具备的底稿按要求填写页码和索引号 （3）对不具备的工作底稿需要完善的尽快完善 （4）整理后的底稿交事务所档案室保管，出具报告后60天内必须归档 （5）特殊审计事项可根据事务所要求另行编制目录，整理归档

请按底稿目录顺序整理审计工作底稿，标明索引号，取得的复印件按其从属的索引号归并，也可按业务循环顺序整理。自行设计的底稿补到目录中。审计工作底稿索引（目录）见表1-147。

表1-147 审计工作底稿索引（目录）

索引号	名称	页码	索引号	名称	页码	索引号	名称	页码
	一、综合类（ZH）			初步风险评价表			四、资产类（A）	
	审计报告书			主要会计政策执行情况表			货币资金	
	管理建议书			财务会计管理制度调查表			短期投资	
	已审会计报表			分析性测试情况汇总表			应收票据	
	当年重大会计政策变动记录			内部控制制度调查问卷			应收账款	
	审计过程中重大问题请示报告			客户提供资料一览表			预付账款	
	合并报表工作底稿			重要性标准初步估计表			其他应收款	
	试算平衡表（资产负债表）			三级复核工作底稿			坏账准备	
	试算平衡表（损益表）			审计报告底稿			存货	
	审计差异汇总表（调整类）			审计工作总体计划			待摊费用	
	审计差异汇总表（重分类）			审计标识			固定资产及累计折旧	
	审计差异汇总表（未调整）			管理建议书底稿			固定资产减值准备	
	会计账项调整科目汇总表			报告送审单			在建工程	
	管理当局声明书						固定资产清理	
	重要审计事项完成核对表			三、循环测试类（CS）			无形资产	
	审计工作总结			符合性测试工作底稿			长期待摊费用	
	与客户交换意见记录			销售与收款循环符合测试			待处理资产净损失	
	未审会计报表			购置与付款循环符合测试			内部拨出款	
				仓储与存货循环符合测试			应收内部单位款	
	二、管理类（GL）			生产循环符合性测试			拨付所属资金	
	企业基本情况表			工薪与人事循环符合性测试			内部存入款	
	审计业务约定书			融资与投资符合性测试			结算证存款	
	初步业务活动程序表			现金和银行存款符合性测试			五、负债类（B）	
							短期借款	

续表

索引号	名　称	页码	索引号	名　称	页码	索引号	名　称	页码
	长期借款			实收资本			八、备查类（BC）	
	应付账款			资本公积、盈余公积			组织机构及管理人员结构资料	
	预收账款			未分配利润				
	其他应付款			上级拨入资金			营业执照（复印件）	
	应付工资						政府批文	
	应付福利费			七、损益类（D）			公司成立合同、协议章程	
	应付利润			主营业务收入			纳税鉴定文件	
	应交税金			主营业务成本			董事会会议纪要或摘要	
	其他应交款			营业费用			内部控制的调查与评价	
	预提费用			主营业务税金及附加			重要长期经济合同、协议	
	长期应付款			其他业务利润			验资报告（复印件）	
	应付票据、应付债券			管理费用			评估报告书（复印件）	
	专项应付款			财务费用			主要资产的所有权证明	
	内部拨入款			投资收益			关联交易	
	应付内部单位款			营业外收入、营业外支出			期后事项	
	内部长期借款			所得税			或有损失	
	内部短期借款			以前年度损益调整			持续经营	
				补贴收入				
	六、权益类（C）			本年利润				
	少数股东权益							

项目2

验资业务实训

 2.1 验资业务实训资料

大别山立豪有限公司（以下简称甲方）与香港立情有限公司（以下简称乙方）拟成立一中外合资企业——豪情服装有限公司。根据协议、章程的规定，豪情服装有限公司申请登记的注册资本为（人民币）400万元，由甲方和乙方以货币资金缴足，其中：甲方出资240万元，出资比例为60%，在公司法人营业执照签发之日起3个月内汇入合资公司基本账户；乙方出资折算为人民币160万元，出资比例为40%，其出资方式为港币，按缴款当日中国人民银行公布的外汇基准汇率折算，分两期缴纳，第一期出资125万港币，于2015年9月18日前缴足，第二期缴纳41.15万港元币于2015年10月18日缴足。假设2015年9月18日中间汇率为1港币折合为人民币0.965元，2015年11月18日中间汇率为1港币折合为人民币0.95元。双双约定，折算差额在100元以下时，列作资本公积；多于100元人民币时，拟设公司成立后，以现金返还乙方。甲方和乙方共同委派新成立公司的财务负责人孙红前来办理验资业务。

外商投资企业目前是先取得批文，办理营业执照，然后再验资，与内资企业不同。该企业取得××省对外经济贸易合作部门的批文后，即办理完工商登记手续，申领营业执照，开设基本账户。第一期出资为乙方，出资折合人民币应达到120万元，于2015年9月18日出资到位。假设乙方的二期出资与甲方的一次性出资均在2015年11月18日。

××会计师事务所认为在独立性和专业胜任能力方面没有问题，承接了他们的两期注册资本验资业务，派吴立至及助手小王完成这两个验资任务。现实训要求如下：

（1）根据第一期验资任务，完成下列任务。

① 了解被审验单位情况。

② 签订验资业务约定书。

③ 制订验资计划。

④ 列出第一期验资的审验清单。

⑤ 出具第一期验资的验资报告。

（2）根据第二期验资任务，完成下列任务。

① 列出第二期验资的审验清单。

② 出具第二期验资的验资报告。

2.2 验资业务实训业务

2.2.1 首次出资验资业务实训

实训内容	技 能 点
了解事务所及其质量控制制度	（1）把握事务所质量控制风险 （2）判断职业道德方面是否存在风险，特别是专业胜任能力和独立性 （3）填制初步业务风险评价表的相关内容
开展初步业务活动，分析判断客户诚信	（1）理解客户委托的验资事项 （2）了解出资人拟设立公司的筹备情况 （3）了解出资人及其拟出资资产情况
签订验资业务约定书	（1）确定是否承接验资业务 （2）掌握验资业务约定书的构成要素 （3）明确验资日期，与客户充分沟通验资业务约定书的内容 （4）签订审计业务约定书
实施验资活动	（1）开出验资清单，明确客户需提供的资料及时限 （2）按验资清单收集营业执照、章程、协议等资料 （3）对出资资产进行审验，获取审验证据
出具验资报告	（1）报告正文 （2）本期注册资本实收情况明细表 （3）验资事项说明
验资档案整理（本例略）	按事务所要求整理、完善归档

1. 了解出资人拟设公司情况（表2-1）

表2-1 被审验单位基本情况表

编制人员：　　　　日期：　　　　复核人员：　　　　日期：　　　　索引号：
　　　　　　　　　　　　　　　　　　　　　　　　　　　　　　　　　　　页次：

被审验单位名称					
住　　所	（略）				
联系电话	（略）	传　　真	（略）	邮政编码	（略）
电子信箱	（略）				
公司类型					
法定代表人	（略）	经营期限		10年	
经营范围	（略）				
审批机关及文号	对外经济贸易合作部门的批准文件，外经贸×字〔2015〕号、　　　营业执照				
董事长	（略）	总经理	（略）	委托代理人：	
开户银行及账号	（略）				

续表

出资者名称	认缴（认购）的注册资本			实收资本		
	出资方式	出资金额	出资比例	出资方式	出资金额	出资比例
备注						

2. 验资业务约定书

验资业务约定书

甲方：
乙方：
兹由甲方委托乙方对甲方截至_____年____月____日止注册资本的实收情况进行审验。经双方协商，达成以下约定。
一、业务范围与委托目的
1. 乙方接受甲方委托，对甲方截至_____年____月____日止的出资者、出资币种、出资金额、出资时间、出资方式和出资比例等进行审验，并出具验资报告。
2. 甲方委托乙方验资的目的是为申请设立登记及向出资者签发出资证明。
二、甲方的责任

三、乙方的责任

四、验资收费

1. 本次验资服务的收费是以乙方各级别工作人员在本次工作中所耗费的时间为基础计算的，预计本次验资服务的费用总额为人民币_____元。

2. 甲方应于本约定书签署之日起2日内支付50%的验资费用，其余款项于_____日结清。

3. 如果由于无法预见的原因，致使乙方从事本约定书所涉及的验资服务实际时间较本约定书签订时预计的时间有明显的增加或减少时，甲、乙双方应通过协商，相应调整本约定书第四条第1项所述的验资费用。

4. 如果由于无法预见的原因，致使乙方人员抵达甲方的工作现场后，本约定书所涉及的验资服务不再进行，甲方不得要求退还预付的验资费用；如上述情况发生于乙方人员完成现场验资工作，并离开甲方的工作现场之后，甲方应另行向乙方支付人民币500元的补偿费，该补偿费应于甲方收到乙方的收款通知之日起15日内支付。

5. 与本次验资有关的其他费用（包括交通费、食宿费）由甲方承担。

五、验资报告和验资报告的使用

六、本约定书的有效期间

本约定书自签署之日起生效，并在双方履行完毕本约定书的所有义务后终止。但其中第_____项并不因本约定书终止而失效。

七、约定事项的变更

如果出现不可预见的情况影响验资工作如期完成，或需要提前出具验资报告时，甲、乙双方均可要求变更约定事项，但应及时通知对方，并由双方协商解决。

八、终止条款

1. 如果根据乙方的职业道德及其他有关专业职责、适用的法律法规或其他任何法定的要求，乙方认为已不适宜继续为甲方提供本约定书约定的验资服务时，乙方可以采取向甲方提出合理通知的方式终止履行本约定书。

2. 在终止业务约定的情况下，乙方有权就其于本约定书终止之日前对约定的验资服务项目所做的工作收取合理的验资费用。

九、违约责任

十、适用法律和争议解决

本约定书的所有方面均适用中华人民共和国法律进行解释并受其约束。本约定书履行地为乙方出具验资报告所在地，因本约定书所引起的或与本约定书有关的任何纠纷或争议（包括关于本约定书条款的存在、效力或终止，或无效之后果），双方选择第 1 种解决方式：

1. 向有管辖权的人民法院提起诉讼。
2. 提交××仲裁委员会仲裁。

十一、双方对其他有关事项的约定

本约定书一式两份，甲、乙各执一份，具有同等法律效力。

甲方：　　　　　　　　　　　　　　　××会计师事务所
授权代表：（签名并盖章）　　　　　　授权代表：
　　年　月　日　　　　　　　　　　　　年　月　日

3. 制订验资计划（简单安排）

4. 列出第一期验资的审验清单

5. 第一期验资报告

验 资 报 告

附件1

表2-2 本期注册资本实收情况明细表

截至　　年　　月　　日止

被审验单位名称：　　　　　　　　　　　　　　　　　　　　　　　　货币单位：

股东名称	认缴注册资本		本期认缴注册资本		本期实际出资情况						其中：货币资金	
	金额	出资比例	金额	占注册资本总额比例	货币	实物	知识产权	土地	其他	合计	金额	占注册资本总额比例
合计												

附件2

验资事项说明

一、基本情况

豪情服装有限公司（筹）（以下简称贵公司）系由立豪有限公司（以下简称甲方）、香港立情有限公司（以下简称乙方）共同出资组建的中外合资经营企业，于2015年8月18日经对外经济贸易合作部门的批准文件×字〔2015〕××号批准，于2015年8月20日取得公司登记机关核发的《　　　　　　》。

二、申请的注册资本及出资规定

根据协议、章程的规定，贵公司申请登记的注册资本为人民币肆佰万元，由全体股东分两期于2015年＿＿＿月＿＿＿日之前缴足。本期出资为首次出资，出资额为人民币＿＿＿＿元，应由乙方于＿＿＿年＿＿＿月＿＿＿日之前缴纳。其中乙方认缴人民币＿＿＿＿元，占注册资本的＿＿＿＿％，出资方式为港币现金，汇率按缴款当日汇率折算，折算后的人民币为乙方实际出资额。

三、审验结果

截至＿＿＿年＿＿＿月＿＿＿日止，贵公司已收到乙方首次缴纳的注册资本（实收资本）合计人民币＿＿＿＿元，实收资本占注册资本的＿＿＿＿％。

（一）乙方首次实际缴纳出资额人民币＿＿＿＿元。其中：港币出资＿＿＿＿元，于2015年＿＿＿月＿＿＿日缴存到豪情服装有限公司在××银行开立的外币存款账户××账号内，当日汇率为1港币折合为人民币0.965元。

（二）以上股东的货币出资金额合计＿＿＿＿元，占注册资本总额的＿＿＿＿％。

（三）全体股东的首次出资金额占贵公司注册资本的＿＿＿＿％。

四、其他事项

甲、乙双方协议中约定，香港立情有限公司以外币出资时，按出资当日汇率折算为人民币后的折算差额，全部出资到位时，在不超过100元人民币的情况下，作为资本公积处理。超过100元人民币的部分，所设立公司应以现金人民币支付给乙方。

2.2.2 非首次出资验资业务实训

实训内容	技 能 点
了解事务所及其质量控制制度（本例略）	（1）把握事务所质量控制风险 （2）判断职业道德方面是否存在风险，特别是专业胜任能力和独立性 （3）填制初步业务风险评价表的相关内容
开展初步业务活动，分析判断客户诚信	（1）了解出资人前期出资到位情况 （2）了解所设立公司截止上月的财务运行情况及经营情况 （3）了解本次拟出资资产情况
签订验资业务约定书（本例略）	（1）确定是否承接验资业务 （2）明确验资日期，与客户充分沟通验资业务约定书的内容 （3）签订审计业务约定书
实施验资活动	（1）开出验资清单，明确客户需提供的资料及时限 （2）按验资清单收集营业执照、章程、协议、已设立公司上月报表等资料 （3）对出资资产进行审验，获取审验证据
出具验资报告	（1）报告正文 （2）本期注册资本实收情况明细表 （3）累计注册资本实收情况明细表 （4）验资事项说明
验资档案整理（本例略）	按事务所要求整理、完善归档

1. 第二期验资审验清单

2. 第二期验资报告

验 资 报 告

附件1

表2-3 本期注册资本实收情况明细表

截至2015年11月18日止

公司名称：豪情服装有限公司　　　　注册资本币种：人民币　　　　　　货币单位：元

股东名称	本期认缴注册资本金额	本期认缴注册资本				合计（人民币）	其中：实缴注册资本	
		货币		实物				
		原币金额	按注册资本币种折算金额	原币金额	按注册资本币种折算金额		金额	占本期认缴注册资本
合　计								

注：乙方外币出资差额_____元，双方协议规定，列作资本公积。

编制单位：　　　　　　　　　　中国注册会计师：

附件2

表2-4 累计注册资本实收情况明细表

截至2015年11月18日止

公司名称：豪情服装有限公司　　　　注册资本币种：人民币　　　　　　货币单位：元

股东名称	认缴注册资本总额		前期实缴注册资本		本期实缴注册资本		累计实缴注册资本	
	金额	占注册资本总额比例/(%)	金额	占注册资本总额比例/(%)	金额	占注册资本总额比例/(%)	金额	占注册资本总额比例/(%)
合　计								

编制单位：　　　　　　　　　　中国注册会计师：

附件3

验资事项说明

一、组建及审批情况

二、申请的注册资本及出资规定

三、审验结果

四、其他事项

附录1

财务报表审计实训参考答案

 1.1 实训任务1——承接年报审计业务

1.1.2 承接年报审计业务的实训操作（吴立至）

请根据吴立至所了解的被审计单位情况及取得的被审计单位会计报表，完成其初步业务活动的记录并与被审计单位签订审计业务约定书。

1. 了解与记录被审计单位情况

表1-4　企业基本情况表

被审计单位名称：美居建材有限公司		索引号：GL01 编制：吴立至	页次： 日期：2015年2月22日
会计期间或截止日：2014年度		复核：孙望、涂定康	日期：2014年2月26日
合同批准	字号年月日（略）	法定地址	（略）
营业执照	字号年月日（略）	经营地址	××市商贸城

续表

经营范围及经营方式	销售墙体材料、钢材、铝材、水暖器材、油漆、家具、灯具等各种建筑、装饰装修材料	合同期限	2007年至2017年1月1日止
		开业日期	2007年1月1日
		企业组织形式	有限公司
		投资总额	1 000万
		注册资本	（货币单位：人民币）1 000万
		主管部门	××市工商管理局
		主管财税机关	××市税务局

投资者名称	认缴出资额		实收资本		实收资本占认缴数/（%）
	原币（）	人民币/万元	原币（）	人民币（）	
涂实		600		600	60
程为		100		100	10
杨文		100		100	10
孙起		100		100	10
吴安		100		100	10

主要财务状况	项目	上年	本年	董事长（中国）	涂实
	资产总额/万元	1 812	2 073	总经理、厂长（中国）	涂实
	负债总额/万元	732	954	总会计师	涂世红
	所有者权益/万元	1 080	1 119	财务经理	涂世红
	销售收入/万元	1 056	1 169	传真	略
	利润总额/万元	82	118	电话	略
	所得税/万元	20	26	邮政编码	略

分支机构概况					
名称	投资比例	名称	投资比例	职工人数	52
				其中：外籍	0

2. 进行承接业务风险的初步评价

（1）开展初步业务活动。

表1-5 初步业务活动程序表　　　　　　　　　索引号：GL02

初步业务活动程序	执行人	索引号
2. 如果是连续审计，实施下列程序		
（1）了解审计的目标、审计报告的用途、审计范围和时间安排是否发生变化。	无变化	GL04
（2）查阅以前年度审计工作底稿，重点关注非标准审计报告、管理建议书和重大事项概要等。	已查阅	GL02
（3）初步了解客户及其环境发生的重大变化，进行初步业务风险评价并予以记录。	无大变化	GL01
（4）考虑是否需要修改业务约定书条款，是否需要提醒客户注意现有的业务约定条款。	无须修改	GL04

续表

初步业务活动程序	执行人	索引号
3. 评价是否具备执行该项审计业务所需要的独立性和专业胜任能力	具备	GL03
4. 完成业务承接/保持评价表	已填	GL03
5. 签订审计业务约定书	已签	GL04
说明：本次为连续审计，相关各项程序索引号必须填写清楚。	吴立至	

（2）承接业务风险的初步评价。

表1-6　审计风险初步评价表　　　　　　　　　　　　　　　GL03

项　目		说　明	风　险
委托人	委托原因	法定年审	低
	审计内容	2014年年报	低
	委托人动机	正常	低
被审计单位	行业环境	建材销售比较稳定，少数材料受房产政策影响	低
	产品销售情况	正常	低
	会计政策	最新制度和准则执行	中
被审计单位	上期是否经过审计	是	低
	是否连续亏损	否	无
	资产负债率	46%	中
	内部管理制度	一般	中
	有否潜亏因素	不明显	中
	是否存在范围的限制	不存在	低
变更事务所	变更原因	未变更	低
	是否与前任沟通	已沟通，本所	低
	是否得到并评价回复	已查阅底稿	低
独立性与胜任能力等	独立性	不存在问题	低
	胜任能力	能胜任	低
	是否向客户提供其他专业服务	无	低
	是否有充足的人力和时间执行审计	有	低

审计结论：
　　接受该公司的审计业务在委托人动机、被审计单位行业环境、单位管理和经营现状来看，审计风险较低。本单位不存在独立性与专业专业胜任能力问题。

3. 签订审计业务约定书

审计业务约定书

索引号：GL04

甲方：美居建材有限公司
乙方：××互申联合会计师事务所

兹由甲方委托乙方对2014年度财务报表进行审计，经双方协商，达成以下约定：

一、业务范围与审计目标

1. 乙方接受甲方委托，对甲方按照企业会计准则和《企业会计制度》编制的2014年12月31日的资产负债表、2014年度的利润表、股东权益变动表和现金流量表以及财务报表附注（以下统称财务报表）进行审计。

2. 乙方通过执行审计工作，对财务报表的下列方面发表审计意见：
（1）财务报表是否按照《企业会计准则》和《企业会计制度》的规定编制。
（2）财务报表是否在所有重大方面公允反映甲方的财务状况、经营成果和现金流量。

二、甲方的责任

1. 根据《中华人民共和国会计法》及《企业财务会计报表条例》，甲方及甲方负责人有责任保证会计资料的真实性和完整性。因此，甲方管理层有责任妥善保存和提供会计记录（包括但不限于会计凭证、会计账簿及其他会计资料），这些记录必须真实、完整地反映甲方的财务状况、经营成果和现金流量。

2. 按照企业会计准则的规定编制和公允列报财务报表是甲方管理层的责任，这种责任包括：①按照企业会计准则的规定编制财务报表，并使其实现公允反映；②设计、实施和维护与财务报表编制相关的内部控制，以使财务报表不存在由于舞弊或错误而导致的重大错报。

3. 及时为乙方的审计工作提供与审计有关的所有记录、文件和所需的其他信息资料（在××年××月××日之前提供审计所需的全部资料），并保证所提供资料的真实性和完整性。

4. 确保乙方不受限制地接触其认为必要的甲方内部人员和其他相关人员。

5. 甲方管理层对其作出的与审计有关的声明予以书面确认。

6. 为乙方派出的有关工作人员提供必要的工作条件和协助，主要事项将由乙方于外勤工作开始前提供主要事项清单。

7. 按本约定书的约定及时足额支付审计费用以及乙方人员在审计期间的交通、食宿和其他相关费用。

三、乙方的责任

1. 乙方的责任是在实施审计工作的基础上对甲方财务报表发表审计意见。乙方按照中国注册会计师审计准则（以下简称审计准则）的规定进行审计。审计准则要求注册会计师遵守职业道德规范，计划和实施审计工作，以对财务报表是否不存在重大错报获取合理保证。

2. 审计工作涉及实施审计程序，以获取有关财务报表金额和披露的审计证据。选择的审计程序取决于乙方的判断，包括对由于舞弊或错误导致的财务报表重大错报风险的评估。在进行风险评估时，乙方考虑与财务报表编制相关的内部控制，以设计恰当的审计程序，但目的并非对内部控制的有效性发表意见。审计工作还包括评价管理层选用会计政策的恰当性和作出会计估计的合理性，以及评价财务报表的总体列报。

3. 由于审计和内部控制的固有限制，即使按照审计准则的规定适当地计划和执行审计工作，仍不可避免地存在财务报表的某些重大错报可能未被乙方发现的风险。

4. 在审计过程中，乙方若发现甲方存在乙方认为值得关注的内部控制缺陷，应以书面形式向甲方治理层或管理层通报。但乙方通报的各种事项，并不代表已全面说明所有可能存在的缺陷或已提出所有可行的改善建议。甲方在实施乙方提出的改进建议前应全面评估其影响。未经乙方书面许可，甲方不得向任何第三方提供乙方出具的沟通文件。

5．按照约定时间完成审计工作，出具审计报告。乙方应于2015年2月29日前出具审计报告。

（6略）

四、审计收费

1．本次审计服务的收费是以乙方各级别工作人员在本次工作中所耗费的时间为基础计算的。乙方预计本次审计服务的费用总额为人民币5 000元。

（2、3、4、5略）

五、审计报告和审计报告的使用

2．乙方向甲方致送审计报告一式三份。

（1、3略）。

（六、七、八、九、十、十一略）

甲方（盖章）：美居建材有限公司　　　　乙方（盖章）：××会计师事务所

授权代表（签名并盖章）：　　　　　　　授权代表（签名并盖章）：

涂世红　　　　　　　　　　　　　　　　吴立至

2015年2月22日　　　　　　　　　　　　2015年2月22日

1.2 实训任务2——制订审计总体策略和具体计划

1.2.2 制订审计总体策略和具体计划的实训操作（吴立至）

1. 熟悉并记录内控制度、会计核算政策、财务管理制度的调查情况

（1）熟悉并记录会计政策、会计估计调查情况。

表1-7 会计政策、会计估计调查表

被审计单位：美居建材有限公司　　　　编制：吴立至　　　　索引号：GL05
审计期间：　　　　　　　　　　　　　复核：孙望　　　　　　页次：

序 号	项　　目	一贯政策	当期变更情况
1	执行何种财务制度	企业财务管理通则	未改变
2	执行何种会计制度	企业会计准则	未改变
3	各种适用税（费率）	所得税25%，增值税17%，城建税7%、教育费附加3%	未改变
4	合并报表编制范围	合并个数（　），其中投资比例超50%的个数（　）	不适用
5	具体会计政策、会计估计		
（1）	记账本位币	人民币	未改变
（2）	外币业务及账务处理方法	外币总账别（　），外币分账别（　）	不适用
（3）	交易性金融资产计价讲法	期末市价变动产生公允价值变动损益	未改变
（4）	产品成本核算方法	品种法、分类法、定额比例法、分批法、分步法	不适用
	产成品发出核算计价方法	按实际成本核算	不适用
		发出采用：加权平均法	不适用
（5）	固定资产和低值易耗品的划分标准	1 000元及预计使用年限超1年	未改变
	低值易耗品的摊销方法	五五摊销	未改变
	固定资产折旧的计提方法	直线法	未改变
	各类固定资产的折旧年限和残值率	在形成时按类确定，分别确定	未改变
	固定资产减值准备计提方法	按单项资产确定	未改变
	在建工程减值准备计提方法	按单项资产确定	未改变
	固定资产大修理摊销方法	大修长期待摊，小修直接列入管理费用	未改变

续表

序号	项目	一贯政策	当期变更情况
(6)	坏账准备的具体计提方法	年末余额4%确定	未改变
	存货跌价准备计提方法	单项资产盘点计算确定	未改变
	长期投资减值准备计提方法	按单项投资确定	未改变
	各项无形资产摊销年限	按土地证上年限确定	未改变
	无形资产减值准备计提方法	按单项资产测试确定	未改变
	长期待摊费用的摊销年限	5年	未改变
(7)	利润分配	法定公积金提取比例10%	未改变
(8)	现金等价物的确定标准和具体内容	货币资金及现金等价物	未改变
(9)	所得税会计处理方法	资产负债表债务法	未改变

初步风险评价：高（　）中（　）低（√）

（2）熟悉并记录内部控制制度调查情况。

表1-8　内部控制制度调查问卷

被审计单位名称：美居建材有限公司　　　　索引号：GL06　　　　页次：
　　　　　　　　　　　　　　　　　　　　编制：吴立至　　　　日期：2015年2月22日
会计期间：　　　　　　　　　　　　　　　复核：孙望　　　　　日期：2015年2月26日

调查内容	是	否	不适用	调查内容	是	否	不适用	调查内容	是	否	不适用
财务管理制度				6.银行存款是否每月对账，核实未达账项	√			6.是否定期盘点在产品，并作为成本分配的依据	√		
一、货币收支管理				二、费用成本管理				7.是否制定材料、工时消耗定额，并根据实际情况进行修订			√
1.货币收支是否按规定的程序和权限处理	√			1.是否有目标成本管理		√	√	8.成本费用是否均按权责发生制和配比性核算	√		
2.出纳与会计的职责是否分离	√			2.是否编制年度成本费用预算，并经董事会批准		√		三、资金管理			
3.现金日记账余额是否逐日与库存现金核对	√			3.是否实行成本费用实绩考核		√		1.是否编制财务收支计划并严格执行	√		
4.库存现金是否不定期抽查并核对账实相符	√			4.成本核算制度是否适合生产特点并严格执行	√			2.是否对应收账款进行账龄分析并及时催收	√		
5.支票签发是否经指定部门或负责人批准	√			5.成本费用的归集、分配、结转是否严格按规定办理，前后期是否一致	√			3.往来是否定期核对	√		

续表

调查内容	是	否	不适用	调查内容	是	否	不适用	调查内容	是	否	不适用
财产物资管理制度				2. 已完工在建工程是否及时转入固定资产，并办理竣工验收和移交手续	√			二、劳动工资管理制度			
一、存货管理				3. 固定资产折旧方法、折旧率是否符合规定，前后期是否一致	√			1. 人员聘用、解聘是否以内部通知单形式及时通知各部门	√		
1. 是否编制材料（商品）采购计划	√			4. 固定资产的毁损报废清理是否经过技术鉴定	√			2. 工资奖金发放是否均经授权批准	√		
2. 大额商品采购是否签订购货合同并审批	√			5. 是否建立固定资产定期盘点制度，并得到遵循	√			3. 工资标准的制定及变动是否经授权批准	√		
3. 是否对进货价格与合同价格进行核对	√			其他管理制度				4. 人工费用分摊是否合理	√		
4. 存货入库是否严格履行验收手续并及时入账	√			一、销售管理制度				三、内部审计制度			
5. 材料储备是否实行定额管理			√	1. 销售价格的制订、调整是否均按规定	√			1. 是否已设置内部审计机构并进行正常工作			√
6. 存货的采购、验收、保管、付款等是否分离	√			2. 是否对客户信用程度进行适当控制	√			2. 年度会计报表是否进行定期审计	√		
7. 是否根据订单下达生产指令、限额发料			√	3. 是否结合货款收回率指标对销售人员销售额业绩考核	√			3. 对下属单位是否进行定期审计			√
8. 存货的发出手续是否按规定办理，是否及时登记仓库账并与记录核对	√			4. 对发票、收款收据是否进行严格管理	√			4. 内部审计决定是否得以正常执行			
9. 是否建立定期盘点制度并得到遵循	√			5. 价格折让、退货是否经相应授权批准				5. 是否进行经济效益审计			√
10. 存货盘盈、盘亏、毁损、报废是否及时按规定审批处理	√			6. 退货是否及时验收入库并做适当处理	√					√	
二、固定资产、在建工程管理											
1. 新增固定资产和在建工程项目有无预算，是否经授权批准	√			调查结论：已建立的各项内部管理制度较健全，没有建立内部审计制度，是不足之处。内部控制风险水平为低。							

编制说明：1. 本问卷应在符合性测试和实质性测试前完成。

2. 内部控制调查完成后，在"调查结论"栏对内控是否适当发表意见，对内控弱点，应向客户提出应采取的改进方法，并评价内控弱点对实质性测试的影响。

(3) 熟悉并记录财务会计管理制度及执行情况调查。

表1-9 财务会计管理制度调查表

被审计单位名称：美居建材有限公司　　索引号：GL07　　　　页次：
　　　　　　　　　　　　　　　　　　　编制：吴立至　　　　日期：
会计期间或截止日：　　　　　　　　　　复核：孙望　　　　　日期：

项目		建立情况			实际执行情况
		建立	不完善	未建立	
企业财务管理办法		√			较好
企业会计核算办法		√			较好
成本核算规程		√			较好
财产物资管理制度	原材料管理			不适用	
	在产品管理			不适用	
	产成品管理	√			较好
	委托加工材料（产品）管理			不适用	
	固定资产管理	√			较好
	财产物资报损报废审批管理	√			较好
财务收支管理制度	现金、银行存款管理	√			较好
	发票、收款收据管理	√			较好
	销售结算管理	√			较好
	成本、费用控制办法	√			较好
	用款审批权限	√			较好
	工资福利规定	√			较好
	经济合同管理	√			较好
	产品定价审批权限	√			较好
	退货、折让审批权限	√			较好
	坏账损失报批权限	√			较好
	财产物资报废报损审批权限	√			较好
	内部审计制度			√	无

调查意见：内部管理制度较健全，执行情况正常，风险水平低。
编制说明：无书面成文资料，视作未建立。

2. 熟悉并记录与客户沟通所需和所能取得的资料

客户提供资料一览表

索引号：GL09　　　页次：

致：美居建材有限公司

　　承蒙委托，我所承办贵公司2014年度会计报表审计业务。根据工作需要，请提供下列"√"定的资料，多谢合作。

　　本表中所列资料除下列四项不适用外，其他各项均应具有，并打"√"。

　　12. 企业对外投资清单。
　　20. 关联企业（交易）的有关明细记录。
　　21. 对合并会计报表有重大影响的关联企业的财务资料。
　　22. 对外投资时，被投资单位经审计的财务报表。

会计师事务所（盖章）

经办人：吴立至

3. 进行报表的分析性测试程序

（1）分析性测试情况汇总及进行审计重点判断。

表1-10　分析性测试情况汇总表

被审计单位名称：美居建材有限公司　　　索引号：GL08　　　页次：
　　　　　　　　　　　　　　　　　　　　编制：　　　　　　　日期：
会计期间或截止日：　　　　　　　　　　　复核：　　　　　　　日期：

测试项目	重要事项说明
1. 资产负债表横向及纵向趋势分析表 横向趋势分析主要看变动幅度：（各项目年末数-年初数）/年初数 纵向趋势分析主要看各项目结构比重变化幅度：该项目年末的比重-该项目年初的比重	通过横向、纵向分析发现： 1. 货币资金、应收账款、应收票据、存货和固定资产等资产项目和应付票据、应付账款等负债项目的变化幅度都较大，有的达到200%，这些项目应该重点审计。 2. 从结构比重上看，也主要是上述项目的比重发生变化大。
2. 利润表横向及纵向趋势分析表 横向趋势分析主要看变动幅度：（各项目年末数-年初数）/年初数 纵向趋势分析主要看各项目结构比重变化幅度：该项目年末的比重-该项目年初的比重	通过横向、纵向分析发现： 1. 营业利润与营业成本项目的变动稍大，比较正常。 2. 销售费用项目金额较大，与其行业有关，应关注。
3. 比率分析 见表1-11	见表1-11

（2）比率趋势分析表。

表1-11 比率趋势分析表　　　　　　　　索引号：GL08-1

比率指标	计算公式	2013年 ①	2014年 ②	增减数 ③=②-①	说　明
偿债能力指标					本表对比率值增减数差异大的项目，一方面要分析原因，另一方面要根据所发现的异常情况进行特别关注，体现到审计计划中。 1．流动比率和速动比率显示企业的短期偿债能力不足，短期融资压力大。 2．长期偿债能力充分。 3．存货积压现象可能出现，应重点关注存货。 4．回报率均与该行业平均报酬相差不大。
1．流动比率	流动资产/流动负债	1.75	1.69	-0.06	
2．速动比率	速动资产/流动负债	0.43	0.49	0.06	
财务杠杆比率					
1．负债比率	总资产/总负债	2.47	2.17	-0.30	
2．资本对负债比率	所有者权益/总负债	1.47	1.17	-0.30	
3．利息保障系数	息税前利润/财务费用	8.24	7.96	0.28	
经营效率比率					
1．存货周转率	营业成本/平均存货	1.12			
2．应收账款周转率	营业收入/平均应收账款	6.68			
3．总资产周转率	营业收入/平均资产	0.60			
获得能力比率					
1．销售利润率	净利润/营业收入	6.75%			
2．资产报酬率	净利润/平均资产	4.06%			
3．权益报酬率	净利润/平均所有者权益	7.17%			

4．重要性水平的评估与确定

（1）报表层次重要性水平的评估与确定。

表1-12 重要性标准初步估计表

被审计单位名称：美居建材有限公司　　　索引号：GL10　　　　　　　页次：
　　　　　　　　　　　　　　　　　　　编制：吴立至　　　　　　　日期：
会计期间或截止日：　　　　　　　　　　复核：涂、孙　　　　　　　日期：

年份或项目	税前利润法	总收入法	总资产法	备　注
当年未审数		11 690 000		以当年收入未审数为基础计算
重要性比例	（3%～5%）	（0.5%～1%）	（0.5%～1%）	取0.85%
重要性标准（绝对值）		100 000		
说明	略			

部门经理对总体审计重要性标准的意见：
1．所审企业是商业性质，因此用收入为基数确定重要性水平是恰当的。
2．取0.85%的比例是考虑到该企业是一个中型企业，又没有前3年的数据可供参考。1 169万元×0.85%=99 365元，取约数10万元。
3．对所有已确认的核算差错和重分类差错均要求该公司调整。对推断差错，尽量确保不超过重要性水平。
4．将重要性水平分配至报表项目。这种分配可以加入注册会计师的职业判断，是一种粗略分配，并且在考虑了报表分析的相关结论的同时，将其与审计总体策略联系起来。重要性水平分配到报表项目的情况见表1-13。审计总体策略见表1-14。

（2）账户（交易）层次重要性水平分配。

表1-13　账户（交易）重要性水平分配　　　　索引号：GL11

资产类	分配金额	负债及所有者权益	分配金额
货币资金		应付职工薪酬	
应收票据		应交税费	
应收账款		应付利润	
其他应收款		长期负债	
存货		重要性水平合计	
长期待摊费用		说明：	
固定资产		1. 账户层次重要性水平越低，说明越不能发生差错，必须进行更详细的实质性审计。本例将货币资金和短期借款重要性水平确定为0，即是这两个项目不能出现任何差错。	
无形资产			
应付票据		2. 本例按报表层次重要性水平的30%确定账户余额和交易的执行重要性水平。即各账户余额或某类交易的可容忍错报不得超过30 000元。	
应付账款			
其他应付款			
借款短期		3. 汇总的账户余额或交易可容忍错报合计不得超过70 000元。否则应追回审计程序。	

5. 制订审计总体策略

审计总体策略为较低控制风险估计水平法，客户主要会计科目或交易类别的审计策略具体分析确定。

表1-14　客户主要会计科目或交易类别的审计策略　　　　索引号：GL12

账　户	审计策略	账　户	审计策略
货币资金	较低控制风险估计水平法	应付账款	较低控制风险估计水平法
短期投资	主要证实法	应付职工薪酬	主要证实法
应收账款	较低控制风险估计水平法	应交税费	较低控制风险估计水平法
存货	较低控制风险估计水平法	应付利润	主要证实法
长期投资	主要证实法	预收账款	主要证实法
固定资产	主要证实法	长期借款	主要证实法
无形资产及其他资产	主要证实法	长期应付款	主要证实法
资产减值	主要证实法	实收资本	主要证实法
短期借款	主要证实法	资本公积	主要证实法
营业收入	较低控制风险估计水平法	表外科目	主要证实法
营业成本	较低控制风险估计水平法	期后事项	主要证实法
营业费用	较低控制风险估计水平法	所得税	主要证实法
管理费用	较低控制风险估计水平法	营业税金及附加	较低控制风险估计水平法
财务费用	较低控制风险估计水平法	营业外收支	主要证实法
…		…	

6. 制订具体审计工作计划

表1-15 审计工作计划

被审计单位名称：美居建材有限公司　　索引号：GL13　　页次：
　　　　　　　　　　　　　　　　　　编制：　　　　　　　日期：
会计期间：　　　　　　　　　　　　　复核：　　　　　　　日期：

一、委托审计的目的、范围：
见约定书。

二、审计策略：（是否实施预审、是否进行符合性测试；实质性测试按业务循环还是按报表项目等）
实施预审，进行符合性测试，按主要业务循环组织审计。

三、评价其内控制度和审计风险：
见表1-4、表1-5、表1-6、表1-7、表1-8和表1-9。

四、重要会计问题及重点审计领域：
应收应付款、存货、固定资产、收入、成本、销售费用等，详见表1-9和表1-11。

五、计划审计日期：

外勤工作自2015年2月22日至2015年2月24日　　共计3日 9人次；

编写报告自2015年2月26日至2015年2月26日　　共计1日1 人次；

安排预审自2015年2月22日至2015年2月22日　　共计1日1 人次；

预审截止日期2015年2月22日

六、审计小组组成及人员分工：

姓 名	职务或职称	分 工	备 注
吴立至	部门经理、高级职称	预审、签约、计划、外勤指导、存货及成本、筹资与投资循环的测试及审计、草拟报告书、沟通等	循环审计所涉及的项目见表1-16
王 勤	会计师、助手	货币资金及其控制、销售与收款循环审计	循环审计所涉及的项目见表1-16
李 缘	助理会计师、助手	存货采购与付款循环审计	循环审计所涉及的项目见表1-16

七、修订计划记录：

7. 业务循环与报表项目对应关系表（略）

1.3 实训任务3——主要业务循环审计

1.3.1 货币资金控制测试及相关报表项目审计(王勤)

2. 货币资金控制测试及相关项目审计的实训操作

根据上述王勤的测试与检查情况,将其记录于工作底稿,并按照工作底稿的要求,填写相关的测试方法和过程,写出审计的结论。

(1)完成货币资金控制测试的有关记录。

① 现金和银行存款符合性测试程序表。

表1-17现金和银行存款符合性测试程序表的记录是在汇总表及控制测试表记录完毕后,在已执行的事项中列明索引号,本表各程序除"8.检查外币资金的折算方法是否符合有关规定,是否与上年度一致"不适用外,其他各程序的索引号均为CS05-1。测试说明:收支测试情况见CS05-1-1和CS05-1-2,测试中没有发现偏差。测试结论:货币资金收支管理制度存在并得到有效执行。

② 现金和银行存款循环符合性测试工作底稿。

表1-18 现金和银行存款循环符合性测试工作底稿

单位名称:美居建材有限公司		测试人员:王勤	日期:2015年2月22日	索引号:CS5-1
截止日:		复核人员:吴立至	日期:2015年2月23日	页次:
程序号	查验过程记录			索引号
见表1-16	测试情况: 　　对货币资金收支管理制度的存在与有效执行性测试时,对收支的原始凭证各特定抽样10份进行检查,原始凭证上要素齐全,审批手续齐全,记账凭证上分录正确,日记账登记及时。 　　在选样时之所以选择大额、整数收付款,是一种职业判断。 测试结论: 　　货币资金管理制度存在并得到有效执行。			CS5-1-1、 CS5-1-2

③ 现金和银行存款收入凭证内控测试记录。

表1-19 现金和银行存款收入凭证内控测试记录

被审计单位名称:美居建材有限公司						索引号:CS5-1-1						页次:	
审计项目名称:						编制:王勤						日期:2015年2月22日	
会计期间:						复核:吴立至						日期:2015年2月24日	
序号	日期	凭证编号	业务内容	收款方式		收入金额/元	核对						备注
				现金	银行		1	2	3	4	5	6	7
1	略	略	略	√		800	√	√	√	√	√	√	√
2	略	略	略	√		2 000	√	√	√	√	√	√	

续表

序号	日期	凭证编号	业务内容	收款方式 现金	收款方式 银行	收入金额/元	核对 1	2	3	4	5	6	7	备注
3	略	略	略		√	600 000	√	√	√	√	√	√	√	
4	略	略	略	√		600	√	√	√	√	√	√	√	
5	略	略	略		√	800 000	√	√	√	√	√	√	√	
6	略	略	略		√	550 000	√	√	√	√	√	√	√	
7	略	略	略	√		900	√	√	√	√	√	√	√	
8	略	略	略		√	700 000	√	√	√	√	√	√	√	
9	略	略	略	√		5 000	√	√	√	√	√	√	√	
10	略	略	略		√	500 000	√	√	√	√	√	√	√	

表中有关测试说明及结论：特定样本10个，无一出现控制偏差。

④ 现金和银行存款支出凭证内控测试记录。

表1-20 现金和银行存款支出凭证内控测试记录

被审计单位名称：美居建材有限公司　　　　索引号：CS5-1-2　　　　页次：
审计项目名称：　　　　　　　　　　　　　编制：王勤　　　　　　　日期：2015年2月22日
会计期间：　　　　　　　　　　　　　　　复核：吴立至　　　　　　日期：2015年2月24日

序号	日期	凭证编号	业务内容	付款方式 现金	付款方式 银行	付出金额/元	核对 1	2	3	4	5	6	7	8	备注
1	略	略	略	√		800	√	√	√	√	√	√	√	√	
2	略	略	略	√		900	√	√	√	√	√	√	√	√	
3	略	略	略		√	300 000	√	√	√	√	√	√	√	√	
4	略	略	略	√		700	√	√	√	√	√	√	√	√	
5	略	略	略		√	600 000	√	√	√	√	√	√	√	√	
6	略	略	略		√	500 000	√	√	√	√	√	√	√	√	
7	略	略	略	√		600	√	√	√	√	√	√	√	√	
8	略	略	略		√	400 000	√	√	√	√	√	√	√	√	
9	略	略	略	√		1 000	√	√	√	√	√	√	√	√	
10	略	略	略		√	200 000	√	√	√	√	√	√	√	√	

有关测试说明及结论：特定选样10个，无一出现控制偏差。

（2）完成货币资金报表项目审计记录。

① 货币资金审计程序表。

表1-21货币资金审计程序表的记录是在汇总表及细节测试表记录完毕后，在已执行的事项中列明索引号、底稿索引、执行人及执行日期。其中，是否适用栏除第6、9不适用外，其

余均适用打"√";四项审计目标对应的索引号分别为A01-1、E5、A01-1至A01-1-21、A01-1,十项审计程序的索引号分别为A01-1、A01-1-1、A01-1-2、A01-1-2、A01-1-2、无、E5、E5、无、A01-1;执行人为王勤;日期为2015年2月23—24日。

② 货币资金审定表。

表1-22 货币资金审定表

被审计单位:美居建材有限公司　　编制人:　　　　日期:　　　　索引号:A01-1
资产负债表日:　　　　　　　　　复核:　　　　　日期:　　　　页次:

项　目	未审数 金　额	调整数 金　额	审定数	索引号
库存现金	900	0	900	A01-1-1、A01-1-1/1
银行存款	599 900	0	599 900	A01-1-2、A01-1-21
其他货币资金	0	0	0	
合　计			600 800	

审计说明及调整分录:
1. 对库存现金采用现时盘点,倒推期初即上期期末数的方式审核。
2. 对银行存款采用复核的方式进行验证,即将2014年12月31日止的报表数、银行对账单进行核对,检查其银行存款余额调节表的方式审查其真实、准确性。

审计结论:
　　货币资金的列示与账簿保持一致,与实存保持一致,审定数为600 800元。

③ 库存现金审定表。

表1-23 库存现金审定表

被审计单位:美居建材有限公司　　编制人:　　　　日期:　　　　索引号:A01-1-1
资产负债表日:　　　　　　　　　复核:　　　　　日期:　　　　页次:

索引号	项　目	金　额	备　注
	现金盘点日调整后现金余额	812	
	加:审计截止日至现金盘点日的支出	2 500	
	减:审计截止日至现金盘点日的收入	2 412	
	期末账面余额	900	
	调整:(1)……	0	
	审定数	900	

审计说明及调整分录:
　　经倒推,2015年期初库存现金账面余额应为900元,实际账面余额也是900元,也即2014年库存现金审定数为900元,没有发现白条抵库等现象。

审计结论:
　　库存现金审定数为900元。

④ 货币资金盘点表。

表1-24　货币资金盘点表

被审计单位：美居建材有限公司　　索引号：A01-1-1/1　　页次：
审计项目名称：　　　　　　　　　　编制人：王勤　　　　　日期：
资产负债表日：　　　　　　　　　　复核人：吴立至　　　　日期：

实有现金盘点记录			项　目	金　额
货币面额	张数	金额		
100元	4	400元	现金盘点日账面余额	600元
50元	3	150元	加：未记账收入凭证（2张）	212元
20元	10	200元		
10元	3	30元		
5元	2	10元	减：未记账付出凭证（0张）	0
2元	5	10元		
1元	10	10元		
5角	4	2元	盘点日调整后现金余额	812元
2角	0	0		
1角	0	0	实点现金	812元
5分	0	0	长款	0
2分	0	0	短款	0
1分	0	0		
合　计	41	812元		

说明：
　　本次盘点日期为2015年2月23日下午，只包括出纳保管的库存现金，不包括收银台收取的现金，收银台收取的现金由收银员解缴基本户后，形成公司的银行存款。经盘点账实相符。

⑤ 银行存款审定表。

表1-25　银行存款审定表

被审计单位名称：美居建材有限公司　　索引号：A01-1-2　　页次：1/1
审计项目名称：银行存款　　　　　　　编制：王勤　　　　　日期：
会计期间或截止日：　　　　　　　　　复核：吴立至　　　　日期：

索引号	开户银行名称及账号	银行存款账面余额			银行对账单余额	调节相符	调整数	审定数
		原币	汇率	记账本位币				
A01-1-21	（略）			599 900元	609 900元	是	10 000元	599 900元
	合　计			599 900元	609 900元		10 000元	599 900元

审计说明及调整分录：
　　审计情况见A01-1-21，无调整分录。

审计结论：
　　可以确认。

⑥银行存款余额调节表。

表1-26　银行存款余额调节表

被审计单位：美居建材有限公司			编制：王勤			日期：2015年2月24日			索引号：A01-1-21		
资产负债表日：2014年12月31日			复核：吴立至			日期：			页次：		
开户银行及账号：（略）									（币种：人民币）		
企业银行存款日记账余额：599 900元						银行对账单余额：609 900元					
加：银收企未收			减：银付企未付			加：企收银未收			减：企付银未付		
日期	内容	金额	日期	内容	金额	日期	内容	金额	日期	内容	金额
—	—	—	—	—	—	—	—	—	2014年12月26日	预付广告费	10 000元
调整后余额：599 900元						调整后余额：599 900元					

注：此表一个银行账户填制一张，编号依次为A01-1-21、A01-1-22、A01-1-23等。

1.3.2　销售与收款业务循环审计（王勤）

2. 销售与收款业务循环审计的实训操作

（1）销售与收款控制测试操作。

① 销售与收款循环符合性测试程序表。

表1-32销售与收款循环符合性测试程序应在实施相关控制测试后填写，所列常规程序对应索引号应综合填写为"见CS1-1至CS1-1-4"。测试说明：对上述要求的检查程序通过随机抽样的方式均进行了检查。测试结论：收款及销售管理内控制度存在并得到有效执行。在对收入进行细节测试时可以只考虑截止测试等检查事项。对应收账款和货币资金的细节测试还必须进行。

② 销售与收款循环符合性测试工作底稿。

表1-33　销售与收款循环符合性测试工作底稿

单位名称：美居建材有限公司		测试人员：王勤	日期：2015年2月22日	索引号：CS1-1
截止日：		复核人员：吴立至	日期：2015年2月24日	页次：
程序号	查验过程记录			索引号
	测试情况： 　　对收款与销售业务采用随机抽样方式选取了10个抽样单元，分别对其销售管理、收款管理、发票管理等内容进行了有效性测试。测试过程中详细检查了收款管理、销售管理、发票管理中的各个控制环节。 测试结论： 　　通过检查，表明收款与销售循环内控制度是存在并得到有效执行的。				CS1-1-1 到 CS1-1-4

③ 销售与收款循环符合性测试之一——销售管理。

表1-34 销售与收款循环符合性测试之一——销售管理

单位名称：美居建材有限公司　　测试人员：王勤　　日期：2015年2月22日　　索引号：CS1-1-1
截止日：　　　　　　　　　　　　复核人员：吴立至　　日期：2015年2月24日　　页次：

会计凭证	合同	出库	退回及折让			授权			测试意见
			仓库签收	税务局退回折让单	批准人	发货通知	价格批准	赊销批准	
见S1-1-1	见CS1-1-2	见CS1-1-1	√	√	√	√	√	√	有效
			√	√	√	√	√	√	有效
			√	√	√	√	√	√	有效
			√	√	√	√	√	√	有效
			√	√	√	√	√	√	有效
			√	√	√	√	√	√	有效
			√	√	√	√	√	√	有效
			√	√	√	√	√	√	有效
			√	√	√	√	√	√	有效
			√	√	√	√	√	√	有效

审计结论：
通过对10个抽样单元销售业务中退货、销售价格、销售折扣与折让、赊销等销售管理活动控制的有效性进行测试，表明其销售管理制度得到了有效执行。

④ 销售与收款循环符合性测试之二——收款管理。

表1-35 销售与收款循环符合性测试之二——收款管理

被审计单位名称：美居建材有限公司　　索引号：CS1-1-2　　页次：
审计项目名称：　　　　　　　　　　　编制：　　　　　　　　日期：
会计期间：　　　　　　　　　　　　　复核：　　　　　　　　日期：

序号	会计凭证						附件							内部控制制度评价
	日期	凭证号	经济事项	贷方科目	填制人	审核人	日期	名称	自制凭证填制人	金额计算依据	批准人	支票日期	支票金额	
1	√	√	√	√	√	√	√	√	√	√	√	√	√	有效
2	√	√	√	√	√	√	√	√	√	√	√	√	√	有效
3	√	√	√	√	√	√	√	√	√	√	√	√	√	有效
4	√	√	√	√	√	√	√	√	√	√	√	√	√	有效
5	√	√	√	√	√	√	√	√	√	√	√	√	√	有效
6	√	√	√	√	√	√	√	√	√	√	√	√	√	有效
7	√	√	√	√	√	√	√	√	√	√	√	√	√	有效

续表

序号	会计凭证						附件							内部控制制度评价
	日期	凭证号	经济事项	贷方科目	填制人	审核人	日期	名称	自制凭证填制人	金额计算依据	批准人	支票日期	支票金额	
8	√	√	√	√	√	√	√	√	√	√	√	√	√	有效
9	√	√	√	√	√	√	√	√	√	√	√	√	√	有效
10	√	√	√	√	√	√	√	√	√	√	√	√	√	有效

测试结论：

本表填制抽样的10张凭证与其原始凭证是否相符，原始凭证的授权是否存在，会计核算是否正确。经过检查核对，业务内容与原始凭证、原始凭证与记账凭证相符正确，原始凭证的授权，如有关人员的签字均具有。经济业务是真实的，会计核算是正确的，收款管理控制是有效的。

⑤ 销售发票内控测试记录。

表1-36 销售发票内控测试记录

被审计单位名称：美居建材有限公司　　　索引号：CS1-1-3　　　页次：
审计项目名称：　　　　　　　　　　　　编制：　　　　　　　　日期：
会计期间：　　　　　　　　　　　　　　复核：　　　　　　　　日期：

序号	发票号	购货单位名称	发票内容						销售合同		核对		会计凭证		商品价目表 核对	备注
			日期	品名	规格	数量	单价	金额	日期	编号	1	2	日期	编号	4 5 6 7	
1	1977	略	略	略	略	略	略	略	略	略	√	√	略	略	√ √ √ √	
2	1536	略	略	略	略	略	略	略	略	略	√	√	略	略	√ √ √ √	
3	1008	略	略	略	略	略	略	略	略	略	√	√	略	略	√ √ √ √	
4	1680	略	略	略	略	略	略	略	略	略	√	√	略	略	√ √ √ √	
5	281	略	略	略	略	略	略	略	略	略	√	√	略	略	√ √ √ √	
6	1647	略	略	略	略	略	略	略	略	略	√	√	略	略	√ √ √ √	
7	995	略	略	略	略	略	略	略	略	略	√	√	略	略	√ √ √ √	
8	1856	略	略	略	略	略	略	略	略	略	√	√	略	略	√ √ √ √	
9	1872	略	略	略	略	略	略	略	略	略	√	√	略	略	√ √ √ √	
10	1060	略	略	略	略	略	略	略	略	略	√	√	略	略	√ √ √ √	

上表中有关测试说明及结论：将抽样的10张发票与合同、会计凭证、商品价目表进行核对，在内容、金额、日期、授权批准等各方面的检查均相符。经济业务是真实的，对其相关的销售控制是有效的。

⑥ 销售发票内控测试记录。

表1-37　销售发票内控测试记录

被审计单位名称：美居建材有限公司　　　索引号：CS1-1-4　　　　　页次：
审计项目名称：　　　　　　　　　　　　编制：王勤　　　　　　　　日期：2015年2月22日
会计期间：　　　　　　　　　　　　　　复核：吴立至　　　　　　　日期：2015年2月24日

送货单编号	送货单内容					发票		核对				备注
	日期	品名	规格	数量	金额	日期	编号	1	2	3	4	
略	略	略	略	略	略	略	1977	√	√	√	√	
略	略	略	略	略	略	略	1536	√	√	√	√	
略	略	略	略	略	略	略	1008	√	√	√	√	
略	略	略	略	略	略	略	1680	√	√	√	√	
略	略	略	略	略	略	略	281	√	√	√	√	
略	略	略	略	略	略	略	1647	√	√	√	√	
略	略	略	略	略	略	略	995	√	√	√	√	
略	略	略	略	略	略	略	1856	√	√	√	√	
略	略	略	略	略	略	略	1872	√	√	√	√	
略	略	略	略	略	略	略	1060	√	√	√	√	

核对说明：
1. 品名与送货单所列一致。
2. 规格与送货单所列一致。
3. 数量与送货单所列一致。
4. 所列发票业经核准。

有关测试说明及结论：
　　通过随机抽样，检查送货单与发票的一致性，品名、规格、数量及授权审批4个方面均符合，表明送货和发票管理是有效的。

（2）销售与收款业务报表项目审计操作。

① 应收票据项目审计。

a. 应收票据审计程序表。

应收票据审计程序表（表1-38）在实施了细节测试后填写，在实施了的审计程序和实现了的审计目标后的"是否适用"栏打"√"；工作底稿索引可以只填写审定表的索引号A03-1；执行人王勤；日期为2015年2月24日。

b. 应收票据审定表。

表1-39　应收票据审定表

被审计单位名称：美居建材有限公司　　　索引号：A03-1　　　　页次：
　　　　　　　　　　　　　　　　　　　　编制：　　　　　　　　日期：
会计期间或截止日：　　　　　　　　　　　复核：　　　　　　　　日期：

票种及编号	票据内容						期末未审数	逾期兑收原因	调整数	审定数
	出票者	受票者	出票日	到期日	票面利率	承兑单位	人民币			
1.（略）	（略）	本公司	2014年9月12日	2014年12月12日	0	（略）	0	0	0	0
2.（略）	（略）	本公司	2014年4月18日	2014年7月18日	0	（略）	0	0	0	0
3.（略）	（略）	本公司	2014年6月12日	2014年9月12日	0	（略）	0	0	0	0
4.（略）	（略）	本公司	2014年10月20日	2014年1月20日	0	（略）	300 000元		0	300 000元

审计说明及调整分录：
　　该公司全年共发生4笔应收票据业务，两笔为施工单位开具，两笔为装饰、装潢公司开具，并承兑。到2015年1月20日，上年所欠300 000元票据款已收到，审定金额为30万元。
审计结论：
　　上年年末应收票据为30万元。

②应收账款及坏账准备。

a. 应收账款审计程序表。

应收账款审计程序表（表1-40）在实施了细节测试后填写，在实施了的审计程序和实现了的审计目标后的"是否适用"栏打"√"；工作底稿索引可以填写的索引号为A04-1、CS1-1、CS1-2等；执行人王勤；日期为2015年2月24日。

b. 应收账款审定表。

表1-41　应收账款审定表

被审计单位名称：美居建材有限公司　　　索引号：A04-1　　　　页次：
审计项目名称：应收账款　　　　　　　　编制：　　　　　　　　日期：
会计期间或截止日：　　　　　　　　　　复核：　　　　　　　　日期：

序号	户　名	主要内容	未审数及账龄分析				期后回收	函证	其他程序	调整数	审定数
			1年内	1～2年	2～3年	3年以上					
1	2	3	4	5	6	7	8	9	10	11	12
1	A施工单位	建材		800 000元				√		0	800 000元
2	B施工单位	建材		700 000元				√		0	700 000元
3	A自然人	灯具	30 000元				√			0	30 000元

续表

序号	户名	主要内容	未审数及账龄分析				期后回收	函证	其他程序	调整数	审定数
			1年内	1～2年	2～3年	3年以上					
4	B自然人	灯具	45 000元				√			0	45 000元
5	C自然人	家具	35 000元				√			0	35 000元
6	C施工单位	建材	650 000元							0	650 000元
7	A装饰公司	建材		100 000元				√	√	0	100 000元
8	B装饰公司	建材	85 000元					√		0	85 000元
9	C装饰公司	建材		60 000元				√		0	60 000元
10	D装饰公司	建材	-53 000元					√		0	
11	E装饰公司	建材	48 000元					√		0	48 000元
	合计		2 500 000元								2 553 000元

编制说明：1. 该单位应收账款账户不多，只11个明细账户，经函证，只有一家未回函，实施替代程序。

2. D装饰公司明细账为贷方余额，实为预收款，经查，本年已发货给对方，应作重分类处理，并计提少计的坏账准备。

借：应收账款　　53 000元
　　贷：预收账款　　53 000元

3. 该公司自成立以来按期末应收账款余额的4%计提坏账准备。

c. 其他应收款审定表。

表1-42　其他应收款审定表

被审计单位名称：美居建材有限公司　　索引号：A04-2　　页次：
审计项目名称：其他应收款　　编制：　　日期：
会计期间或截止日：　　复核：　　日期：

序号	户名	主要内容	未审数及账龄分析				期后回收	函证	其他程序	调整数	审定数
			1年内	1～2年	2～3年	3年以上					
1	2	3	4	5	6	7	8	9	10	11	12
1	A采购员	出差借款	10 000元						√		10 000元
2	B采购员	出差借款	10 000元						√		10 000元
3	C采购员	出差借款	12 000元						√		12 000元
	合计		32 000元								32 000元

编制说明：
该公司的其他应收款均为采购员外出采购借款，经查阅相关控制环节无误，确认为32 000元。另该公司未对该项其他应收款计提坏账准备。根据其暂垫款性质确认可不计提。

d. 应收账款函询未回函替代程序检查表。

表1-43　应收账款函询未回函替代程序检查表

被审计单位名称：美居建材有限公司　　　索引号：A04-1-3　　　页次：
审计项目名称：　　　　　　　　　　　　编制：　　　　　　　　日期：
会计期间或截止日：　　　　　　　　　　复核：　　　　　　　　日期：

债务人名称	借方入账			审计日止是否收到	应收账款内容						欠款原因	审计确认意见
	日期	凭证号	金额		货名	编号	出库单号	发送方式	数量	金额		
A装饰公司	2009年11月	略	100 000元	无	略	1 125	789	提货	略	100 000元	存在质量纠纷	100 000元
合计												

审计结论：
　　该应收账款存在质量争议问题，但未发生诉讼事项，双方均在积极协商，故可以确认其真实存在。暂不能作坏账处理。

e. 坏账准备审定表。

表1-44　坏账准备审定表

被审计单位名称：美居建材有限公司　　　索引号：A04-3　　　页次：
　　　　　　　　　　　　　　　　　　　编制人：　　　　　　　日期：
会计期间：　　　　　　　　　　　　　　复核人：　　　　　　　日期：

年初余额（计提前）	本期增加		本期减少			期末数	调整数	审定数
	计提	其他转入	转销	转回	其他转出			
41 666元	58 334元					100 000元	2 120元	102 120元

审计说明及调整分录［计提方法和比例是否恰当、计提（或转回）数额是否正确，需要调整的数额、分录及对报表的影响披露是否充分］：
　　1. 该公司按年末应收账款期末余额对应收账款计提坏账准备，计提比例为4%，符合企业会计准则规定，但税法规定应收账款期末余额的5%。允许在税前扣除，本例因税务局同意且影响所得税金额小，不拟考虑递延所得税负债对所得税的影响。
　　2. 该公司因重分类原因，调增应收账款53 000元，相应应调增坏账准备2 120元。借：资产减值损失212元，贷：应收账款——坏账准备2 120元。调整后的坏账准备数为102 120元。
　　3. 该公司其他应收款为出差垫付款，不存在坏账，不计提其坏账准备。

f. 坏账准备计提方法审核表。

表1-45 坏账准备计提方法审核表

被审计单位名称：美居建材有限公司　　索引号：A04-3-1　　页次：
　　　　　　　　　　　　　　　　　　编制人：　　　　　　日期：
会计期间：　　　　　　　　　　　　　复核人：　　　　　　日期：

被审计单位计提方法和比例	应收账款： 　　按期末应收账款期末余额的4%计提坏账准备。		其他应收款： 　　暂垫款不计提坏账，其他的应收款按4%计提。	
被审计单位确定该方法的理由	该公司一般只对一些建筑施工单位和装饰装潢公司实行大额赊销，凡超过10万元以上的赊销，一般均进行调查，签订合同，甚至要求对方提供相应担保。应收账款催收政策完善，故选择按总额的4%计提坏账比较合理。垫付款出差人员归后报销，故可不计提准备。			
对被审计单位计提方法的合理性进行评价： 该方法符合企业会计制度和税法规定	获取企业以往的财务管理资料（应收账款部分），了解以往年度的赊销总额及坏账情况；符合一致性原则。		获取重要债务人财务状况方面的信息； 已对有余额的应收账款明细账进行全面检查。	评价结果： 方法和计提比例适当。
较为合理的计提方法或比例	较为合理的比例为应收账款余额的5‰。		理由：	影响额：

审核结论：
　　该公司应收账款和其他应收款的坏账计提方法和计提比例是适当的，且经过税务部门认可。

---

③ 应交税费。

a. 应交税金审计程序表。

应交税金审计程序表（表1-46）在实施了细节测试后填写，在实施了的审计程序和实现了的审计目标后的"是否适用"栏打"√"；工作底稿索引可以只填写审定表的索引号A06-1；执行人吴立至；日期为2015年2月24日。

b. 其他应交款审计程序表。

其他应交款审计程序表（表1-47）在实施了细节测试后填写，在实施了的审计程序和实现了的审计目标后的"是否适用"栏打"√"；工作底稿索引可以只填写审定表的索引号A06-1及D04-1，进行交叉索引；执行人吴立至；日期为2015年2月24日。

c. 应交税金、其他应交款审定表。

表1-48 应交税金、其他应交款审定表

被审计单位名称：美居建材有限公司　　　索引号：B06-1　　　　　　　页次：
　　　　　　　　　　　　　　　　　　　　编制：　　　　　　　　　　　日期：
会计期间或截止日：　　　　　　　　　　　复核：　　　　　　　　　　　日期：

索引号	项　目	期初数/元	本期应交数/元	本期已交数/元	期末未交（审）数/元	调整数/元	审定数/元
	一、应交税金：						
	企业所得税	60 000	263 010	293 010	30 000	-530	29 470
	增值税	0	313 700	313 700	0	0	0
	消费税	0	0	0	0	0	0
	营业税	0	0	0	0	0	0
	资源税	0	0	0	0	0	0
	土地增值税	0	0	0	0	0	0
	城镇土地使用税	0	2 000	2 000	0	0	0
	房产税	0	48 000	48 000	0	0	0
	车船使用税	0	960	960	0	0	0
	投资方向调节税	0	0	0	0	0	0
	城建税	0	21 959	21 959	0	0	0
	耕地占用税	0	0	0	0	0	0
	车船牌照税	0	800	800	0	0	0
	合　计	60 000	650 429	680 429	0	-530	29 470
	二、其他应交款：						
	教育费用附加	0	9 411	9 411	0	0	0
	代扣缴个人所得税	0	20 000	20 000	0	0	0

审计说明及调整分录：

　　1. 调整的530元应交所得税系少计提坏账准备2 120元引起，详见D10-1（表1-125）。

　　2. 本期应交税费679 840元，其中应交增值税（已交税）313 700元、应付职工薪酬20 000元，营业税金及附加31 370元，管理费用51 760元。所得税费用263 010。

审计结论：

　　应交税费项目金额为29 470元。

编制说明：1. 期初、期末如多交，在金额前用"-"号。

　　　　　2. 应交税金、其他应交款应分别作审计结论。

　　　　　3. 附：应交增值税审定表［见D04-1（表1-52）］。

④ 主营业务收入。

a. 主营业务收入审计程序表。

主营业务收入审计程序表（表1-49）在实施了细节测试后填写，在实施了的审计程序和实现了的审计目标后的"是否适用"栏打"√"；工作底稿索引可以综合填写为D01-1、CS1、CS1-1、CS1-1-1、CS1-1-2、CS1-1-3、CS1-1-4；执行人王勤；日期为2015年2月24日。

b. 主营业务收入审定表。

表1-50　主营业务收入审定表

被审计单位名称：美居建材有限公司　　　索引号：D01-1　　　　页次：
　　　　　　　　　　　　　　　　　　　编制：王勤　　　　　　日期：
会计期间或截止日：　　　　　　　　　　　复核：　　　　　　　　日期：

索引号	项目	未审含税收入/元	未审不含税收入/元	调整数/元	审定数/元
	一月	819 000	700 000	0	700 000
	二月	772 200	660 000	0	660 000
	三月	912 600	780 000	0	780 000
	四月	1 404 000	1 200 000	0	1 200 000
	五月	1 345 500	1 150 000	0	1 150 000
	六月	877 500	750 000	0	750 000
	七月	585 000	500 000	0	500 000
	八月	1 053 000	900 000	0	900 000
	九月	1 521 000	1 300 000	0	1 300 000
	十月	1 755 000	1 500 000	0	1 500 000
	十一月	1 872 000	1 600 000	0	1 600 000
	十二月	760 500	650 000	0	650 000
	合计	13 677 300	11 690 000	0	11 690 000

审计说明及调整分录：

　　1. 经销售与收款测试具体见CS1、CS1-1、CS1-1-1、CS1-1-2、CS1-1-3和CS1-1-4等，该公司的销售与收款管理制度执行有效，且该公司主要销售仍然是柜台销售，销售发票与提货单等资料完善，收银员每天的收银于当天16:30送存银行，并将缴款回单送交财务室。

　　2. 销售折扣一般按折扣后的价格入账，未发现质量等原因造成的折让。

　　3. 该公司每月按含税销售收入入账，月末将含税收入换算成不含税销售收入，并从收入中将销项税中冲减出来。全年销项税为1 987 300元。

　　4. 对12月月末大额销售进行截止测试，未发现不正常赊销等情况。

　　5. 与以前年同期对比分析，各月销售情况未见异常情况。

审计结论：

　　该公司的营业收入确认为11 690 000元。

⑤ 营业税金及附加。

a. 营业税金及附加审计程序表。

营业税金及附加审计程序表（表1-51）在实施了细节测试后填写，在实施了的审计程序和实现了的审计目标后的"是否适用"栏打"√"，不适用的打"×"；工作底稿索引可以只填写审定表索引号D04-1；执行人吴立至；日期为2015年2月24日。

b. 营业税金及附加审定表。

表1-52 营业税金及附加审定表

被审计单位名称：美居建材有限公司　　索引号：D04-1　　页次：
　　　　　　　　　　　　　　　　　　编制：　　　　　　　日期：
会计期间或截止日：　　　　　　　　　　复核：　　　　　　　日期：

| 月份 | 应交增值税（17%） | | | 已交增值税/元 | 应交城建税 | | 教育费附加 | | 合计 |
	销项税/元	进项税/元	税率/元		税率	金额/元	征收率	金额/元	金额/元
1	119 000	102 350	16 650	16 650					
2	112 200	102 350	9 850	9 850					
3	132 600	119 400	13 200	13 200					
4	204 000	119 400	84 600	84 600					
5	195 500	119 400	76 100	76 100					
6	127 500	170 500	−43 000	—					
7	85 000	102 350	−17 350	—					
8	153 000	102 350	50 650						
9	221 000	170 500	50 500	40 800					
10	255 000	235 000	20 000	20 000					
11	272 000	235 000	37 000	37 000					
12	110 500	95 000	15 500	15 500					
未审数	1 987 300	1 673 600	313 700	313 700	7%	21 959	3%	9 411	31 370
调整数	0	0	0	0	0	0	0	0	0
审定数	1 987 300	1 673 600	313 700	313 700	7%	21 959	3%	9 411	31 370

审计说明及调整分录：
　　通过检查各月会计纳税申报表及其上交情况，检查存货结存情况、增值税专用发票、运费抵扣凭证及各月销项税的计算情况、应交税费明细表，确认营业税金及附加为31 370元。增值税313 700元是价外税，未列入营业税金及附加项目。

审计结论：
　　营业税金及附加审定数为31 370元。

编制说明：应与应交税金、其他应交款审定表相勾稽。

⑥ 销售费用。

a. 销售费用审计程序表。

销售费用审计程序表（表1-53）在实施了细节测试后填写，在实施了的审计程序和实现了的审计目标后的"是否适用"栏打"√",不适用的打"×";工作底稿索引可以只填写审定表索引号D03-1;执行人吴立至;日期为2015年2月24日。

b. 销售费用审定表。

表1-54 销售费用审定表

被审计单位名称:美居建材有限公司　　　索引号:D03-1　　　页次:
　　　　　　　　　　　　　　　　　　　　编制:　　　　　　　日期:
会计期间或截止日:　　　　　　　　　　　复核:　　　　　　　日期:

索引号	项目	总账金额/元	明细账金额/元		备注
	本期发生（未审）数	1 202 448			
	本期转出数	0			
	调整数	0			
	审定数	1 202 448			
查证情况:					
	明细项目	未审数/元	调整数/元	审定数/元	备注
	运输费	89 240	0	89 240	
	装卸费	3 300	0	3 300	
	包装费	5 000	0	5 000	
	财产保险费	14 000	0	14 000	
	展览费	10 000	0	10 000	
	广告费	20 000	0	20 000	
	销售服务费	8 316	0	8 316	
	进销存职工工资	450 000	0	450 000	
	进销存职工福利费	8 000	0	8 000	
	进销存职工社会保险费	126 000	0	126 000	
	进销存职工住房公积金	36 000	0	36 000	
	进销存职工工会费	9 000	0	9 000	
	进销存职工教育经费	11 250	0	11 250	
	折旧费	402 340	0	402 342	
	其他费用	10 000	0	10 000	
	合 计	1 202 448		1 202 448	

审计说明及调整分录:

　　1. 审核中发现该公司销售费用中将进销存过程中的职工薪酬费用均计入其中,因该企业是零售性质,这样是可以的。

　　2. 其他费用是指未列入上述项目的其他销售费用合计数。

审计结论:

　　销售费用为1 202 448元。

1.3.3 采购与付款业务循环审计（李缘）

2. 采购与付款业务循环审计的实训操作

（1）采购与付款内控测试。

请根据上述检查情况，完成李缘在测试与检查时的相关记录，特别注意测试说明与测试结论的填制。

① 采购与付款循环符合性测试程序表。

采购与付款循环符合性测试程序表（表1-60）应在实施了相关控制测试后填写，本表中索引号根据程序涉及的测试表填列为CS2-1、CS2-1-1、CS2-1-2、CS2-1-3；测试人员李缘，日期2015年2月22日；复核人吴立至，日期2015年2月24日。测试说明：见CS2-1。测试结论：内控制度存在并得到有效执行。

② 采购与付款循环符合性测试工作底稿。

表1-61 采购与付款循环符合性测试工作底稿

被审计单位名称：美居建材有限公司　　测试人员：李缘　　日期：　　索引号：CS2-1
截止日：　　　　　　　　　　　　　复核人员：　　　　日期：　　页次：

程序号	查验过程记录	索引号
	测试情况： 　　本测试以入库单132份为基础，按系统抽样方式选取了11份入库单，追踪测试其请购、授权、合同、入库、付款、发票、总账、明细账等环节的控制，分别测试了其合同或请购管理制度、采购管理制度和付款管理制度的执行情况，测试显示均无偏差。 测试结论： 　　采购与付款内控制度存在并得到有效执行。可以减少细节测试，但不能完全不进行细节测试。	见 CS2-1-1、 CS2-1-2、 CS2-1-3

③ 进行购货合同、请购单内控测试。

表1-62 购货合同、请购单内控测试记录

被审计单位名称：美居建材有限公司　　测试人员：　　日期：　　索引号：CS2-1-1
截止日：　　　　　　　　　　　　　复核人员：　　日期：　　页次：

序号	合同号	供货方	购货合同、请购单内容							购货合同				入库单			
			日期	货物	规格	数量	单价	金额	核对		日期	编号	核对			日期	编号	核对	
									1	2			3	4	5			6	7
1	略	略	略	略	略	略	略	略	√	√	略	略	√	√	√	略	略	√	√
2	略	略	略	略	略	略	略	略	√	√	略	略	√	√	√	略	略	√	√
3	略	略	略	略	略	略	略	略	√	√	略	略	√	√	√	略	略	√	√
4	略	略	略	略	略	略	略	略	√	√	略	略	√	√	√	略	略	√	√
5	略	略	略	略	略	略	略	略	√	√	略	略	√	√	√	略	略	√	√

续表

序号	合同号	供货方	购货合同、请购单内容							购货合同					入库单				
			日期	货物	规格	数量	单价	金额	核对		日期	编号	核对			日期	编号	核对	
									1	2			3	4	5			6	7
6	略	略	略	略	略	略	略	略	√	√	略	略	√	√	√	略	略	√	√
7	略	略	略	略	略	略	略	略	√	√	略	略	√	√	√	略	略	√	√
8	略	略	略	略	略	略	略	略	√	√	略	略	√	√	√	略	略	√	√
9	略	略	略	略	略	略	略	略	√	√	略	略	√	√	√	略	略	√	√
10	略	略	略	略	略	略	略	略	√	√	略	略	√	√	√	略	略	√	√
11	略	略	略	略	略	略	略	略	√	√	略	略	√	√	√	略	略	√	√

④ 采购与付款循环符合性测试之一——采购管理。

表1-63 采购与付款循环符合性测试之一——采购管理

被审计单位名称：美居建材有限公司　　　索引号：CS2-1-2　　　页次：
审计项目名称：　　　　　　　　　　　　编制：　　　　　　　　日期：
会计期间：　　　　　　　　　　　　　　复核：　　　　　　　　日期：

会计凭证								订购合同或请购清单					仓库			授权		测试意见
日期	凭证编号	贷方科目	入库单号	入库物资	规格	入库数量	入库日期	单价	金额	规格	数量	单价	交货日期	批准人	收货记录	质量验货人	数量验货人	批准付款	价格变动	
√	√	√	√	√	√	√	√	√	√	√	√	√	√	√	√	√	√	√		有效
√	√	√	√	√	√	√	√	√	√	√	√	√	√	√	√	√	√	√		有效
√	√	√	√	√	√	√	√	√	√	√	√	√	√	√	√	√	√	√		有效
√	√	√	√	√	√	√	√	√	√	√	√	√	√	√	√	√	√	√	√	有效
√	√	√	√	√	√	√	√	√	√	√	√	√	√	√	√	√	√	√		有效
√	√	√	√	√	√	√	√	√	√	√	√	√	√	√	√	√	√	√		有效
√	√	√	√	√	√	√	√	√	√	√	√	√	√	√	√	√	√	√	√	有效
√	√	√	√	√	√	√	√	√	√	√	√	√	√	√	√	√	√	√		有效
√	√	√	√	√	√	√	√	√	√	√	√	√	√	√	√	√	√	√		有效
√	√	√	√	√	√	√	√	√	√	√	√	√	√	√	√	√	√	√		有效
√	√	√	√	√	√	√	√	√	√	√	√	√	√	√	√	√	√	√		有效

审计结论：
　　本测试按所抽的11份样本，采用穿行测试的办法，测试请购、审批、合同、入库及入账等环节控制的有效性，测试无偏差。

⑤ 采购与付款循环测试之二——付款管理测试。

表1-64 采购与付款循环符合性测试之二——付款管理

被审计单位名称：美居建材有限公司　　　索引号：CS2-1-3　　　页次：
审计项目名称：　　　　　　　　　　　　编制：　　　　　　　　日期：
会计期间：　　　　　　　　　　　　　　复核：　　　　　　　　日期：

序号	会计凭证						附件				付出支票日期	付出支票金额	内部制度评价
	日期	凭证号	经济事项	借方科目	金额	填制人	审核人	日期	名称	经办人	实物验收人	批准人	
1	√	√	√	√	√	√	√	√	√	√	√	√	√	√	有效
2	√	√	√	√	√	√	√	√	√	√	√	√	√	√	有效
3	√	√	√	√	√	√	√	√	√	√	√	√	√	√	有效
4	√	√	√	√	√	√	√	√	√	√	√	√	√	√	有效
5	√	√	√	√	√	√	√	√	√	√	√	√	√	√	有效
6	√	√	√	√	√	√	√	√	√	√	√	√	√	√	有效
7	√	√	√	√	√	√	√	√	√	√	√	√	√	√	有效
8	√	√	√	√	√	√	√	√	√	√	√	√	√	√	有效
9	√	√	√	√	√	√	√	√	√	√	√	√	√	√	有效
10	√	√	√	√	√	√	√	√	√	√	√	√	√	√	有效
11	√	√	√	√	√	√	√	√	√	√	√	√	√	√	有效

审计结论：
　　通过测试11份商品入库单的证账记录，并与原始凭证核对，检查相关的授权控制环节和付款情况，发现无偏差。

（2）采购与付款业务循环所涉报表项目审计的实训操作。

① 固定资产及累计折旧。

a. 固定资产及其累计折旧审计程序表。

固定资产及其累计折旧审计程序表（表1-65）在实施了细节测试后填写，在实施了的审计程序和实现了的审计目标后的"是否适用"栏打"√"，不适用的打"×"。工作底稿索引可以只填写审定表索引号A07-1及A11-1；执行人李缘；日期为2015年2月24日。

b. 固定资产及累计折旧审定表。

表1-66　固定资产及累计折旧审定表

被审计单位名称：美居建材有限公司　　　索引号：A07-1　　　页次：
　　　　　　　　　　　　　　　　　　　编制：　　　　　　　　日期：
截止日：　　　　　　　　　　　　　　　复核：　　　　　　　　日期：

索引号	固定资产类别	期初余额/元	本期增加/元	本期减少/元	期末账面未审数/元	调整数/元	审定数/元
	房屋建筑物	6 470 000			6 470 000	+530 000	7 000 000
	运输设备	1 850 000		320 000	1 530 000		1 530 000
	电子设备	120 000	20 000		140 000		140 000
	其他设备	80 000	10 000		90 000		90 000
	合　计	8 520 000	30 000	320 000	8 230 000	+530 000	8 760 000
	累计折旧（按类别）	期初余额/元	本期增加/元	本期减少/元	期末账面未审数/元	调整数/元	审定数/元
	房屋建筑物	750 000	240 200	0	990 200	0	990 200
	运输设备	380 000	210 000	120 000	470 000	0	470 000
	电子设备	30 000	12 000	0	42 000	0	42 000
	其他设备	20 000	7 800	0	27 800	0	27 800
	合　计	1 180 000	470 000	120 000	1 530 000	0	1 530 000
	固定资产净值	7 340 000			6 700 000		7 230 000

审计说明及调整分录：
　　1. 该公司房屋建筑物增加53万元是长期待摊费用中转入，因该公司12月为营业场所重建新大门属改扩建造范畴，其费用应列入固定资产价值之中。
　　2. 运输设备减少，因一价值32万元、已提旧12万元的运输车出车发生事故报废，清理净损失15万元。
　　3. 该公司固定资产经清查，不存在减值情况。
　　4. 本期计提的折旧47万元，列入管理费用67 658元，列入销售费用402 342元。

审计结论：
　　固定资产净值为7 230 000元，原价为8 760 000元，累计折旧为1 530 000元。

编制说明：固定资产原价及累计折旧应按企业计提折旧分类填写具体类别，未使用、不需用等不计提折旧固定资产应在类别中划出，在固定资产中单独归类。

c. 固定资产增加、减少及其折旧审定表。

表1-67 固定资产增加、减少及其折旧审定表

被审计单位名称：美居建材有限公司　　索引号：A07-1-1　　页次：
　　　　　　　　　　　　　　　　　　　编制：　　　　　　　日期：
会计期间：　　　　　　　　　　　　　　复核：　　　　　　　日期：

序号	固定资产名称或类别	计量单位	数量	增减月份	原值/万元	折旧方法	本期折旧月数	已提折旧 期初余额	已提折旧 本期提取 未审数	已提折旧 本期提取 调整数	已提折旧 本期提取 审定数	期末（减少时）余额
	一、增加											
1	门楼	个	1	12	53	年限法	0	0	0	0	0	—
2	电脑	台	5	6	2	年限法	6	0	1 250	0	1 250	—
3	办公桌	套	4	9	1	年限法	3	0	500	0	500	—
	二、减少											
1	卡车	台	1	9	32	年限法	9	1 100 00	10 000	0	120 000	120 000

审计说明及调整分录：
　　门楼费用该公司原列入了长期待摊费用，应调整为固定资产。调整分录为，借：固定资产530 000元；贷：长期待摊费用530 000元。12月改扩建完工，故不增加本期折旧。门楼按该营业楼剩余年限折旧，运输设备、办公设备、其他设备根据具体设备在其购置时确定其折旧年限。

审计结论：
　　应调增房屋建筑物固定资产53万元。减少的固定资产账面记录完整，计算折旧正确。

编制说明：1. 本审定表系固定资产本期内增加、减少通用表，使用时增加、减少分别填列，并在"审计项目名称"中说明。
　　　　　2. 固定资产增加，当月不计提折旧，从下月起计提折旧。固定资产减少，当月仍计提折旧，从下月起停止计提折旧。

d. 固定资产折旧验算表。

表1-68 固定资产折旧验算表

被审计单位名称：美居建材有限公司　　索引号：A07-1-2　　页次：
　　　　　　　　　　　　　　　　　　　编制：　　　　　　　日期：
会计期间：　　　　　　　　　　　　　　复核：　　　　　　　日期：

序号	固定资产类别	折旧方法	年折旧率	应计折旧平均余额/万元	应提折旧/元	已提折旧/元	已提折旧差异/元	调整数/元	审定数/元
1	房屋建筑物	年限法	3.71%	647	240 200	240 200	0	0	240 200
2	运输设备	年限法	11.86%	177	21 000	210 000	0	0	210 000
3	电子设备	年限法	9.23%	13	12 000	12 000	0	0	12 000
4	其他设备	年限法	9.45%	8.25	7 800	7 800	0	0	7 800
	合　计								470 000

审计说明及调整分录：
　　该公司折旧费用计算正确，未见异常情况，且与折旧明细表数据一致。

审计结论：
　　本年固定资产折旧费为470 000元。

编制说明：1. 年均数=某月固定资产增加（或减少）数×（12−n）/12（n=发生月份）。
　　　　　2. 附：按类计提折旧明细表（复印件），本例略。
　　　　　3. 本表只为测试折旧计提是否出现异常情况。

e. 固定资产抽盘表。

表1-69　固定资产抽盘表

被审计单位名称：美居建材有限公司　　　索引号：A07-1-3　　　页次：
　　　　　　　　　　　　　　　　　　　编制：　　　　　　　　日期：
截止日：　　　　　　　　　　　　　　　　复核：　　　　　　　　日期：

索引号	项目	账面数			实际核实盘点			差异数/万元
		数量	金额/万元	存放地点	数量	金额/万元	存放地点	
房屋建筑物	营业楼	1	560	—	1	560	—	
	办公楼	1	87	—	1	87	—	
	门楼	0	—	—	1	53	—	53
	合计	2	647		3	700		53
运输设备	大货车	3	105	车库	3	105	车库	0
	中小货车	5	35	车库	5	35	车库	0
	小轿车	1	13	车库	1	13	车库	0
	合计	10	153		10	153		0
电子设备	电脑	16	9	办公用	16	9	办公用	0
	打印机	6	1	办公用	6	1	办公用	0
	复印机	2	1	办公用	2	1	办公用	0
	数码相机	2	1.1	办公用	2	1.1	办公用	0
	发电机	2	1.9	配电室	4	1.9	配电室	0
	合计	30	14		30	14		0
其他设备	办公桌	16	5	办公用	16	5	办公用	0
	货柜	10	3	柜台	10	3	柜台	0
	其他	4	1	仓库	4	1	仓库	0
	合计	30	9		30	9		0

审计说明及调整分录：

　　经全面盘点，除列入长期待摊费用的门楼费应从长期待摊费用中转入固定资产外，其他各项固定资产资产的账面数与盘点数一致。其他设备中的办公桌、货柜是指应列和已列入固定资产的成套桌椅、柜台。

审计结论：

　　固定资产账面原值为876万元。实物经盘点与账面一致，且无减值现象。

编制说明：1. 本表用于审计人员现场监盘被审计单位有关人员年终盘点记录，也可用作抽查记录。
　　　　　2. 抽查比例和方法可在附件中说明。

②固定资产清理。

a.固定资产清理审计程序表。

固定资产清理审计程序表（表1-70）在实施了细节测试后填写，在实施了的审计程序和实现了的审计目标后的"是否适用"栏打"√"，不适用的打"×"；工作底稿索引可以只填写审定表索引号A09-1；执行人李缘；日期为2015年2月24日。

b.固定资产清理审定表。

表1-71 固定资产清理审定表

被审计单位名称：美居建材有限公司　　索引号：A09-1　　页次：
　　　　　　　　　　　　　　　　　　　编制：　　　　　　　日期：
会计期间及截止日：　　　　　　　　　　复核：　　　　　　　日期：

索引号	固定资产名称	清理原因	批准人	固定资产				净额	清理费用	清理收入	已转	其他转出	期末未审数	调整数	审定数
				原值	已提折旧	净值	已提准备								
				1	2	3	4	5	6	7	8	9	10=5+6-7±8-9	8	9
略	大货车	事故	涂实	32万元	12万元	20万元	0	20万元	1万元	6万元	15万元	0	0	0	0

审计说明及调整分录：
　　经检查该货车购入合同、发票，核对其明细账，检查报废报告，保险赔款合同等，确认该货车报废事实清楚，账务处理正确，并已清理完毕，期末无余额。

审计结论：
　　固定资产清理余额为0，营业处支出为15万元。

③无形资产及长期待摊费用。

a.无形资产审计程序表。

无形资产审计程序表（表1-72）在实施了细节测试后填写，在实施了的审计程序和实现了的审计目标后的"是否适用"栏打"√"，不适用的打"×"；工作底稿索引可以只填写审定表索引号A11-1；执行人李缘；日期为2015年2月24日。

b.长期待摊费用审计程序表。

长期待摊费用审计程序表（表1-73）在实施了细节测试后填写，在实施了的审计程序和实现了的审计目标后的"是否适用"栏打"√"，不适用的打"×"；工作底稿索引可以只填写审定表索引号A11-1；执行人李缘；日期为2015年2月24日。

c. 无形资产、长期待摊费用、其他资产审定表。

表1-74 无形资产、长期待摊费用、其他资产审定表

被审计单位名称：美居建材有限公司　　索引号：A11-1　　页次：
　　　　　　　　　　　　　　　　　　　编制：　　　　　　　日期：
会计期间或截止日：　　　　　　　　　　复核：　　　　　　　日期：

索引号	内容	发生日期	原始发生金额	摊销期限	月摊销额	期初余额（摊余额）	本期摊销额	已是减值准备	期末未审数	调整数	审定数
	无形资产										
1	土地使用权	2003年1月	150万元	50年	0.25万元	129万元	3万元	0	126万元	0	126万元
2	新墙体材料销售许可权	2008年1月	36万元	6年	0.5万元	24万元	6万元	0	18万元	0	18万元
3	某家具销售许可权	2007年1月	6万元	5年	0.1万元	2.4万元	1.2万元	0	1.2万元	0	1.2万元
4	某灯具销售许可权	2008年1月	12万元	4年	0.25万元	6万元	3万元	0	3万元	0	3万元
5	某地板砖销售许可权	2007年1月	12万元	4年	0.25万元	3万元	3万元	0	0	0	0
6	美居商标	2002年1月	18万元	10年	0.15万元	3.6万元	1.8万元	0	1.8万元	0	1.8万元
7	某许可权	2009年1月	4万元	2年	0.166万元	2万元	2万元	0	0	0	0
	合计		238万元		1.666万元	170万元	20万元	0	150万元		150万元
	长期待摊费用										
1	门楼及店内重新装修	2014年9—12月	100万元	10年元	0.83万元	100万元	0	0	100万元	-53万元	47万元

审计说明及调整分录：
　　该公司的无形资产主要是商标权、土地使用权和销售许可权。检查相关合同、申办资料、权利证书，核对账证表，确认其无形资产账务处理正确。长期待摊费用是营业场所重新装修费用，经验证，其中有53万元费用为其营业门楼建设费用，属改扩建性质，应列入固定资产。调整分录为
　　借：固定资产　　　53万元
　　　　贷：长期待摊费用　53万元

审计结论：
　　无形资产期末余额150万，长期待摊费用47万元，无其他非流动资产。

编制说明：1. 本审定表应按无形资产、递延资产、其他资产在"审计项目名称"中分别填列审定。
　　　　　2. 内容按明细账资产种类填列。

④ 待处理资产损失。

待处理资产损失程序表（表1-75）在实施了细节测试后填写，在实施了的审计程序和实现了的审计目标后的"是否适用"栏打"√"，不适用的打"×"；工作底稿索引因无该项余额及检查后无发现待处理业务，故填A12；执行人李缘；日期为2015年2月24日。

⑤ 营业外收支。

a. 营业外收入、营业外支出审计程序表。

营业外收入、营业外支出审计程序表（表1-76）在实施了细节测试后填写，在实施了的审计程序和实现了的审计目标后的"是否适用"栏打"√"，不适用的打"×"；工作底稿索引可以只填写审定表索引号A09-1；执行人王勤；日期为2015年2月24日。

b. 营业外收支审定表。

表1-77 营业外收支审定表

被审计单位名称：美居建材有限公司　　索引号：D09-1　　页次：
　　　　　　　　　　　　　　　　　　　编制：　　　　　　日期：
会计期间或截止日：　　　　　　　　　　复核：　　　　　　日期

索引号	项　目	未审数	调整数	审定数	备　注
	营业外收入合计	20 000元	0	20 000元	
	对外索赔收入	20 000元	0	20 000元	
	非货币性交易收益	—	—	—	
	出售无形资产净收益	—	—	—	
	营业外支出合计	150 000元	0	150 000元	
	固定资产盘亏				
	处理固定资产净损失	150 000元	0	150 000元	
	非常损失				

审计说明及调整分录：

营业外收入为H建筑公司预交墙体材料押金，因逾期未购买该批墙体材料，致使该批材料积压，按合同规定没收该押金作营业外收入处理。营业外支出为处理一事故送货车损失，净损失为150 000元。

审计结论：

营业外收入20 000元，营业外支出为150 000元。

⑥ 应付票据。

a. 应付票据审计程序表。

应付票据审计程序表（表1-78）在实施了细节测试后填写，在实施了的审计程序和实现了的审计目标后的"是否适用"栏打"√"，不适用的打"×"；工作底稿索引可以只填写审定表索引号B02-1；执行人李缘；日期为2015年2月24日。

b. 应付票据审定表。

表1-79　应付票据审定表

被审计单位名称：美居建材有限公司　　　索引号：B02-1　　　　页次：
　　　　　　　　　　　　　　　　　　　编制：　　　　　　　　日期：
会计期间或截止日：　　　　　　　　　　　复核：　　　　　　　　日期：

索引号	票据种类	支付银行	应付单位	金额/元	应付日期
（略）	商业承兑汇票	（略）	××新型墙体材料公司	323 820	2015年2月15日
		合　计		323 820	

审计说明及调整分录：经查阅相关凭证，合同真实，该票据为无息票据，检查会计处理正确，该票据款已于2015年2月15日付款。期初的10万元票据款于到期时已支付，查阅相关资料及账务处理无误。

审计结论：应付票据期末审定数为323 820元。

⑦ 应付及预收账款。

a. 应付账款审计程序表。

应付账款审计程序表（表1-80）在实施了细节测试后填写，在实施了的审计程序和实现了的审计目标后的"是否适用"栏打"√"，不适用的打"×"；工作底稿索引可以填写审定表索引号B03-1、B03-1-2；执行人李缘；日期为2015年2月24日。

b. 预收账款、其他应付款审计程序表。

预收账款、其他应付款审计程序表（表1-81）在实施了细节测试后填写，在实施了的审计程序和实现了的审计目标后的"是否适用"栏打"√"，不适用的打"×"；工作底稿索引可以填写审定表索引号B03-1；执行人李缘；日期为2015年2月24日。

c. 应付、预收账款审定表。

表1-82　应付、预收账款审定表

被审计单位名称：美居建材有限公司　　　索引号：B03-1　　　　页次：
　　　　　　　　　　　　　　　　　　　编制：李缘　　　　　　日期：2015年2月23日
会计期间或截止日：　　　　　　　　　　　复核：吴立至　　　　　日期：2015年2月24日

索引号	审计项目名称	未审数	调整数	重分类调整数	审定数	备注
A04-1	预收账款	0		+53 000	53 000	
B03-1-2	其他应付款	20 000	0	0	20 000	
B03-1-2	应付账款	5 387 150	0	0	5 387 150	
	合　计	5 407 150			5 460 150	

审计说明及调整分录：
1. 本审计在采购与付款测试其内控有效的情况下进行。
2. A04-1中应收账款明细账贷方余额转为预收账款填列，为重分类。

审计结论：
预收账款、其他应付款、应付账款分别审定为53 000元、20 000元、5 387 150元。

编制说明：1. 本审定表按应付账款、预收账款、其他应付款在"审计项目名称"中分别填列审定。
　　　　　2. 应付款明细表（表1-83）附在本表之后。

d. 预收及应付款明细表。

表1-83　预收及应付款明细表

被审计单位名称：美居建材有限公司　　　索引号：B03-1-2　　　页次：
　　　　　　　　　　　　　　　　　　　编制：　　　　　　　　日期：
会计期间或截止日：　　　　　　　　　　复核：　　　　　　　　日期：

序号	户名	主要内容	未审数及账龄分析				期后支付数	函证	其他程序	调整数	审定数
			1年内	1～2年	2～3年	3年以上					
1	2	3	4	5	6	7	8	9	10	11	12
一、其他应付款											20 000元
1	Y装饰公司	地板砖押金	20 000元				√			0	20 000元
二、应付账款											5 387 150元
1	A供应商	代销墙体材料	465 350元						核对合同察看实物		
2	B供应商	家具	25万元	5万元			10万元		核对合同察看实物		
3	C供应商	家具	25万元	5万元			20万元		核对合同察看实物		
4	D供应商	灯具	20万元	5万元			10万元		核对合同察看实物		
5	E供应商	灯具	35万元	3万元			25万元		核对合同察看实物		
6	F供应商	A型地板	25万元	10万元			10万元		核对合同察看实物		
7	G供应商	B型地板	30万元	12万元			30万元		核对合同察看实物		
8	H供应商	钢材	70万元	10万元				√			
9	I供应商	铝材	30万元					√			
10	J供应商	厨卫设备	30万元	0				√			
11	K供应商	水暖器材	10万元	0				√			
…	…	…	…	…			…		…	…	…
	合计		4 687 150元	70万元			120万元				5 387 150元

⑧ 管理费用。

a. 管理费用审计程序表。

管理费用审计程序表（表1-84）在实施了细节测试后填写，在实施了的审计程序和实现了的审计目标后的"是否适用"栏打"√",不适用的打"×";工作底稿索引可以填写审定表索引号D06-1;执行人吴立至;日期为2015年2月24日。

b. 管理费用审定表。

表1-85 管理费用审定表

被审计单位名称:美居建材有限公司　　　索引号:D06-1　　　页次:
　　　　　　　　　　　　　　　　　　　编制:　　　　　　　日期:
会计期间或截止日:　　　　　　　　　　　复核:　　　　　　　日期:

索引号	项　目	未审数/元	调整数/元	审定数/元	备　注
	管理费用合计	606 118	0	606 118	
	本期转销数	606 118	0	606 118	
	其　中:				
	工　资	180 000	0	180 000	
	福利费	3 800	0	3 800	
	社会保险费	50 400	0	50 400	
	工会经费	3 600	0	3 600	
	职工教育经费	4 500	0	4 500	
	住房公积金	14 400	0	14 400	
	折旧费	67 658	0	67 658	
	业务招待费	10 000	0	10 000	
	开办费摊销	0	0	0	
	无形资产摊销	200 000	0	200 000	
	低值易耗品摊销	0	0	0	
	办公费	14 000	0	14 000	
	绿化费	3 000	0	3 000	
	排污费	3 000	0	3 000	
	列入管理费用的税费	51 760	0	51 760	

审计说明及调整分录:
　1. 经查问管理费用明细账,检查大额资金,核实管理费用明细项目真实。
　2. 其他费用包括未列入上述项目的管理费用。

审计结论:
　管理费用本期发生额为606 118元。

注:如使用"应付职工薪酬"的企业,注意其明细账与上表项目的对应关系。

1.3.4 存货与成本业务循环审计（吴立至）

2. 存货与成本业务循环审计的实训操作

（1）进行仓储与存货符合性测试。

① 仓储与存货循环符合性测试程序表。

仓储与存货循环符合性测试程序表（表1-89）在实施了相关的控制测试之后填列，在已实施的常规测试程序后，填列其索引号。本表中的索引号为CS31-1。测试说明：选取家具组和灯具组进行测试，没有发现偏差。测试结论：仓储管理和成本核算制度存在且得到了有效执行。本结论可以减少细节测试的工作量，但不能完全不进行细节测试。

② 仓储与存货循环符合性测试工作底稿。

仓储与存货循环符合性测试工作底稿（表1-90）对测试情况进行汇总并说明测试结论。索引号CS31-1-1。测试情况：选取家具组和灯具组进行测试，测试其2014年1—12月仓储管理、收入换算、商品差价分摊的执行情况，以及相应的账务处理是否正确。测试没有发现偏差。测试结论：仓储管理和成本核算制度存在且得到了有效执行。本结论可以减少细节测试的工作量，但不能完全不进行细节测试。

③ 仓储与存货循环符合性测试检查表。

表1-91 仓储与存货循环符合性测试检查表

被审计单位名称：美居建材有限公司　　索引号：CS31-1-1　　页次：
　　　　　　　　　　　　　　　　　　　编制：吴立至　　　　日期：2015年2月23日
会计期间或截止日：　　　　　　　　　　复核：孙望、涂定康　日期：2015年2月28日

序号	样本主要内容	样本名称 测试内容												备注
		1	2	3	4	5	6	7	8	9	10	11	12	
1	家具组	√	√	√	√	√	√	√	√	√	√	√	√	
2	灯具组	√	√	√	√	√	√	√	√	√	√	√	√	

测试内容：
1. 测试含税收入的换算是否存在并正确计算和核算。
2. 测试发出商品与结存商品的计算和核算是否正确。
3. 仓储管理是否符合售价核算的要求。
4. 受托代销商品是否按责任人分类保管。

结论：
从两组的检查情况看，仓储管理、存货核算管理制度存在并得到有效执行。

(2)存货与成本循环业务相关报表项目审计。

① 存货审计。

a. 存货审计程序表。

存货审计程序表(表1-92)是在实施了相关的细节测试后填列,在已实施的程序和已实现的目标后打"√",不适用的程序后打"×"。工作底稿索引号可只填审定表的索引号A05-1。执行人吴立至,日期为2015年2月23日。

b. 存货审定表。

表1-93 存货审定表

被审计单位名称:美居建材有限公司　　　索引号:A05-1　　　页次:
审计项目名称:　　　　　　　　　　　　　编制:　　　　　　　日期:
会计期间或截止日:　　　　　　　　　　　复核:　　　　　　　日期:

项目	类别	未审含税售价	商品进销差价	不含税进价	调整数	审定数
库存商品	家具组	161.67万元	61.67万元	100万元	0	100万元
	灯具组	97.01万元	37.01万元	60万元	0	60万元
	水暖器材组	64.67万元	24.67万元	40万元	0	40万元
	新型墙体材料组	218.25万元	83.25万元	135万元	0	135万元
	墙体材料组	129.34万元	49.34万元	80万元	0	80万元
	钢材组	194万元	74万元	120万元	0	120万元
	铝材组	129.34万元	49.34万元	80万元	0	80万元
	厨卫组	177.83万元	67.83万元	110万元	0	110万元
	地板组	145.50万元	55.50万元	90万元	0	90万元
	小计	1 317.61万元	502.61万元	815万元	0	815万元
在途物资	地板砖			2万元	0	2万元
周转材料	低值易耗品			1万元	0	1万元
	包装物			2万元	0	2万元
	小计			3万元	0	3万元
合计				820万元	0	820万元

表1-93中审计说明及调整分录:①该企业库存商品按售价金额核算,存货按柜组计价,换算成进价后才是列入报表项目的存货成本;②该企业实行综合差价率折算,综合差价率为38.145 6%;③减值损失按单项商品计算,本例中无减值情况;④上述各柜组的存货中均包括该柜组的受托代销商品,且受托代销商品的代销方式均为视同买断方式,一样是按售价记账;⑤周转材料与在途物资均按实际成本核算。

表1-93中审计结论:存货进价成本为820万元。

c. 存货抽盘表。

表1-94　存货抽盘表

被审计单位名称：美居建材有限公司　　索引号：A05-1-1　　　　页次：
审计项目名称：家具组存货　　　　　　编制：　　　　　　　　　日期：
截止日：　　　　　　　　　　　　　　复核：　　　　　　　　　日期：

供应厂商	品名型号规格	计量单位	盘点日实存	加盘点前付出量	减盘点前收入量	实存数量	账面结存 数量	账面结存 金额/元	进销差价/元	进价/万元	审定数/万元
A家具厂	A型	套	10	5	2	13	13	420 342	160 342	26	26
	C型	套	6	2	0	8	8	155 203	59 203	9.6	9.6
	H型	套	4	6	4	6	6	193 920	73 920	12	12
	小计		20	13	6	27	27	769 549	293 549	47.6	47.6
B家具厂	B型	套	8	6	4	10	10	291 006	111 006	18	18
	D型	套	5	10	8	7	7	90 535	34 535	5.6	5.6
	H型	套	10	12	6	16	16	155 203	59 203	9.6	9.6
	小计		23	28	18	33	33	536 744	204 744	33.2	33.2
C家具厂	X型	套	10	15	8	17	17	82 452	31 452	5.1	5.1
	Y型	套	10	10	6	14	14	67 902	25 902	4.2	4.2
	H型	套	10	12	8	14	14	67 902	25 902	4.2	4.2
	小计		30	37	22	45	45	218 254	83 254	13.5	13.5
D家具厂	H	套	20	18	16	22	22	92 153	35 153	5.7	5.7
	小计		20	18	16	22	22	92 153	35 153	5.7	5.7
合　计			93	96	62	127	127	1 616 700	616 700	100	100

审计说明及调整分录：
　　1. 在盘点日2015年2月24日对家具组存货进行抽盘，存货包括受托代销存货均按售价记账。未发现质量问题。
　　2. 家具组的所有存货均进行了盘点。

审计结论：
　　家具组存货账面数与盘点数一致，账务处理正确。其售价为161.67万元，进价为100万元。进销差价61.67万元。

编制说明：1. 本表为吴立至根据商业企业情况自制抽盘表。
　　　　　2. 盘点中账存和实存数量相符，商品进销差价、售价为账面记载数，进价成本为倒推数。
　　　　　3. 盘点时应对存货的质量状况予以关注。
　　　　　4. 还可抽盘其他柜组情况。本例不再抽检其他柜组情况。

d. 商品进销差价分摊验算表。

表1-95 商品进销差价分摊验算表

被审计单位名称：美居建材有限公司　　　索引号：A05-1-3　　　页次：
审计项目名称：　　　　　　　　　　　　编制：　　　　　　　　日期：
会计期间或截止日：　　　　　　　　　　复核：　　　　　　　　日期：

柜　组	分摊前商品进销差价	库存商品余额	本月销售商品金额	月末结存与本月销售合计	综合差价率	已销商品分摊差价	库存商品分摊进销差价
全部商品	10 243 400元	13 176 100元	13 677 300元	26 853 400元	38.1456%	5 217 300元	5 026 100元

审计说明及调整分录：
　　通过验算，商品进销差价分摊正确，账务处理正确，账证表核对相符。

审计结论：
　　已销商品进价成本846万元，期末各柜组存货进价成本820万元。

e. 存货跌价准备审计程序及确认表。

存货跌价准备审计程序及确认表（表1-96）在实施了相关细节测试后填列，在已实施的程序和已实现的目标后打"√"，不适用的程序后打"×"；底稿索引号填列A05-1-1、A05-4-1等；执行人吴立至；日期为2015年2月24日。审计及说明：通过抽查及测试，未发现存货存在跌价现象。

② 应付职工薪酬。

a. 应付工资审计程序表。

应付工资审计程序表（表1-97）是在实施了相关的细节测试后填列，在已实施的程序和已实现的目标后打"√"，不适用的程序后打"×"；工作底稿索引号可只填审定表的索引号B04-1；执行人吴立至；日期为2015年2月24日。

b. 其他应付职工薪酬审计程序表。

其他应付职工薪酬审计程序表（表1-98）是在实施了相关细节测试后填列，在已实施的程序和已实现的目标后打"√"，不适用的程序后打"×"；工作底稿索引号可只填审定表的索引号A05-1；执行人吴立至；日期为2015年2月24日。

c. 应付职工薪酬审定表。

表1-99 应付职工薪酬审定表

被审计单位名称：美居建材有限公司　　　索引号：B04-1　　　页次：
　　　　　　　　　　　　　　　　　　　　编制：　　　　　　　　日期：
会计期间或截止日：　　　　　　　　　　　复核：　　　　　　　　日期：

明细项目	未审数	调整数	审定数	备　注
应付工资	120 000元	0	120 000元	
应付福利费	0	0	0	
社会保险费	24 000元	0	24 000元	
住房公积金	6 000元	0	6 000元	
工会经费	0	0	0	
教育经费	0	0	0	
合　计	150 000元	0	150 000元	

审计说明及调整分录：
　　通过查阅各月工资表及工资附加表，检查工资发放、其他费用发生及上缴情况，确认该公司应付职工薪酬计算及账务处理正确。

审计结论：
　　应付职工薪酬为150 000元。

编制说明：1. 应付有关部门核定的工资清算表。
　　　　　2. 各月工资分配及工资附加费情况表复印件附后（本例略）。

1.3.5　筹资与投资循环业务循环审计（吴立至）

2. 筹资与投资业务循环审计的实训操作

（1）交易性金融资产及投资收益审计。

① 交易性金融资产审计程序表。

　　交易性金融资产审计程序表（表1-105）是在实施了相关的细节测试后填列，在已实施的程序和已实现的目标后打"√"，不适用的程序后打"×"；工作底稿索引号可只填审定表的索引号A02-1和D08-1；执行人吴立至；日期为2015年2月24日。

② 交易性金融资产审定表。

表1-106　交易性金融资产审定表

被审计单位：美居建材有限公司　　　编制：　　　　　日期：　　　索引号：A02-1
资产负债表日：　　　　　　　　　　复核：　　　　　日期：　　　页次：

投资项目	期初数	本期增加	本期减少	期末数				调整数		审定数	投资效益
				数量	购价	索引号	金额	索引号	金额		
股票名称											
1.（略）	200 000		200 000	0	0	0	0	0	0	0	20 000
2.	…		…	…	…	…	…	…	…	…	…
合　计	200 000		200 000								200 000

审计说明及调整分录：
　　该公司上年年末交易性金融资产余额为200 000元，于本年7月份出售，账面价值之外的收益为20 000元。

审计结论：
　　交易性金融资产期末数为0，实现投资收益20 000元。

③ 投资收益审定表。

表1-107　投资收益审定表

被审计单位名称：美居建材有限公司　　索引号：D08-1　　　　页次：
　　　　　　　　　　　　　　　　　　编制：　　　　　日期：
会计期间或截止日：　　　　　　　　　复核：　　　　　日期：

索引号	项　目	投资金额	投资收益			备　注
			未审数	调整数	审定数	
	一、债（国库）券投资					
	—	—	—	—	—	—
	二、股票投资所占（%）					
	1. 交易性金融资产	200 000	20 000	0	20 000	
	三、其他投资单位					
	被投资单位	所占比例（%）				
	—	—	—	—	—	—
	合　计	200 000	20 000	0	20 000	

审计说明及调整分录：
　　期初拥有短期股票投资200 000元，于本年7月份售出，收回资金220 000元，实现投资收益20 000元。
审计结论：
　　出售短期股票投资取得投资收益20000元。真实完整、列报正确。期末余额为0。
编制说明："所占比例/（%）"填投出资金占被投资单位注册资本的百分比。

（2）短期借款及其利息。
① 短期借款审计程序表。
　　短期借款审计程序表（表1-108）是在实施了相关的细节测试后填列，在已实施的程序和已实现的目标后打"√"，不适用的程序后打"×"；工作底稿索引号可涉及的索引号B01（1/2）-1、B01（1/2）-1-1、B01（1/2）-1-2；执行人吴立至；日期为2015年2月24日。

② 短期借款审定表。

表1-109　短期借款审定表

被审计单位：美居建材有限公司　　编制人：　　日期：　　索引号：B01（1/2）-1
资产负债表日：　　复核人：　　日期：　　页次：

索　引	单位名称	未审数	调整数	审计数
略	美居建材有限公司	500 000元	0	500 000元

审计说明及调整分录：	审计结论：
检查借款合同，会计处理情况，银行借款转存情况，未发现异常，可以确认。	短期借款期末数为50万元。

编制说明：根据本表验算利息支出，并与财务费用中的利息支出相互勾稽。

③ 短期借款明细账户审定表。

表1-110　短期借款明细账户审定表

被审计单位：美居建材有限公司　　编制人：　　日期：　　索引号：B01（1/2）-1-1
资产负债表日：　　复核人：　　日期：　　页次：

索引号	贷款银行	借款期间	借款条件	月利率	期初余额	本期增加	本期减少	期末余额	调整数	审定数
（略）	（略）	2013年7月1日—2014年7月1日	信用	5‰	200 000元	0	200 000元	0	0	0
（略）	（略）	2014年3月1日—2015年3月1日	信用	5‰	0	500 000元	0	500 000元	0	500 000元
合　计					20万元	50万元	20万元	50万元		50万元

审计说明及调整分录：	审计结论：
经详细检查短期借款情况，年初余额200 000万元已按时归还，账务处理正确，2月新增借款50万元，账务处理及其依据均正确。	短期借款期末余额为50万元。

④ 短期借款本期利息测算表。

表1-111　短期借款本期利息测算表

被审计单位：美居建材有限公司　　编制人：　　日期：　　索引号：B01（1/2）-1-2
会计期间：　　复核人：　　日期：　　页次：

索引号	贷款银行	借款起止时间	月利率	计算时间	本期应计利息		本期实计利息	差异	备注
					正常利息	逾期罚息			
（略）	（略）	2013年7月1日—2014年7月1日	5‰	1年	6 000	0	6 000	0	半年
（略）	（略）	2014年3月1日—2015年3月1日	5‰	1年	25 000	0	25 000	0	10个月
合　计					31 000		31 000		

表1-111中审计说明及调整分录：经测算，利息计算正确，并已被银行扣除，已查计息和扣息相关凭证及相关账务处理。表1-111中审计结论：短期借款数据真实，利息合计为31 000元。

（3）长期借款及其利息。

① 长期借款审计程序表。

长期借款审计程序表（表1-112）是在实施了相关的细节测试后填列，在已实施的程序和已实现的目标后打"√"，不适用的程序后打"×"；工作底稿索引号可涉及的索引号为B01（2/2）-1；执行人吴立至；日期为2015年2月24日。

② 长期借款及其利息审定表。

表1-113 长期借款审定表

被审计单位名称：美居建材有限公司　　　索引号：B01（2/2）-1　　　页次：
　　　　　　　　　　　　　　　　　　　编制：　　　　　　　　　　　　日期：
资产负债表日：　　　　　　　　　　　　复核：　　　　　　　　　　　　日期：

索引号	单位名称	实际借款用途	借款期间	借款条件	年利率	期初余额		本期增加		期末余额		调整数	审定数	
						本金	利息	本金	利息	本金	利息		本金	利息
略		基建	2012年1月—2016年1月	抵押	6.5%	100万元	13万元		6.5万元	100万元	19.5万元	0	100万元	19.5万元
略		销售许可	2012年1月—2018年12月	抵押	7.41%	90万元	10万元		66 690元	90万元	166 690元	0	90万元	166 690元
略		装修及门楼	2014年8月—2016年8月	抵押	5.8%			46万元	11 110元	46万元	11 110元	0	46万元	11 110元
合　计						190万元	23万元	46万元	142 800元	236万元	372 800元	0	236万元	372 800元

审计说明及调整分录：
1. 目前该公司尚有3笔未到期贷款，均有抵押，均为单利计息，到期一次性还本付息。除本期利息11 110元将分摊计入固定资产和长期待摊费用之外，其余利息均列入财务费用，因其已不符合利息资本化条件。
2. 审定数中1年内到期的长期借款0元，与报表核对相符。

审计结论：
长期借款期末余额为2 732 800元。其中本金236万元，列入长期借款的利息372 800元。
本期长期借款利息142 800元，其中财务费用131 690元，列入固定资产5 888元，列入长期待摊费用5 222元。

（4）财务费用。

① 财务费用审计程序表。

财务费用审计程序表（表1-114）是在实施了相关的细节测试后填列，在已实施的程序和已实现的目标后打"√"，不适用的程序后打"×"；工作底稿索引号可涉及的索引号B01（1/2）-1-2、B01（2/2）-1、D07-1；执行人李缘；日期为2015年2月24日。该表编制说明：结合借款、应付债券及在建工程项目审计，核对相关利息资本化金额是否正确。

② 财务费用审定表。

表1-115　财务费用审定表

被审计单位名称：美居建材有限公司　　　索引号：D07-1　　　页次：
　　　　　　　　　　　　　　　　　　　编制：　　　　　　　日期：
会计期间或截止日：　　　　　　　　　　复核：　　　　　　　日期：

索引号	项　目	总账金额	明细账金额				备　注
			利息支出	汇兑损失	手续费	其他费用	
	本期发生（未审）数	170 780	162 690	0	4 480	3 610	
	本期转出数	-1 090	-1 090	0	0	0	
	调整数	0	0	0	0	0	
	审定数	169 690	161 600	0	4 480	3 610	

审计说明及调整：

　　1. 结合长短期借款合同、账簿记载，审核借款的利息计算是否正确，查阅本年度各月手续费结算单据，核对财务费用总账和明细账，确认财务费用真实，账务处理正确。

　　2. 其中本期转出数1 090元为本年存款利息，其他费用为办理长期和短期借款发生的相关费用。

　　3. 手续费为使用银行结算方式的手续费，其中POS机结算手续费居多。

审计结论：
　　本期财务费用为169 690元。

（5）应付利润（股利）。

① 应付利润审计程序表。

应付利润审计程序表（表1-116）是在实施了相关的细节测试后填列，在已实施的程序和已实现的目标后打"√"，不适用的程序后打"×"；工作底稿索引号可涉及的索引号B05-1；执行人吴立至；日期为2015年2月24日。

② 应付利润审定表。

表1-117　应付利润审定表

被审计单位名称：美居建材有限公司　　　索引号：B05-1　　　页次：
　　　　　　　　　　　　　　　　　　　编制：　　　　　　　日期：
会计期间或截止日：　　　　　　　　　　复核：　　　　　　　日期：

索引号	内　容	合　计	合营中方（%）	合营外方（%）	国家股（%）	法人股（%）	个人股（%）
	期初余额	30万元					100
	加：本年度分配	40万元					100
	减：本年度支付	30万元					100
	期末余额	40万元					100

审计说明及调整分录：

　　1. 本年度应付利润根据董事会纪要，预分配40万元。

　　2. 本年度支付给股东的利润已验证有关凭证。

审计结论：
　　应付利润期末余额为40万元，待本年董事会确定后再据实调整。

（6）实收资本。

① 实收资本审计程序表。

实收资本审计程序表（表1-118）是在实施了相关的细节测试后填列，已实施的程序和已实现的目标后打"√"，不适用的程序后打"×"；工作底稿索引号为C01-1等；执行人吴立至；日期为2015年2月24日。

② 实收资本审定表。

表1-119 实收资本审定表

被审计单位名称：美居建材有限公司　　索引号：C01-1　　　　页次：
　　　　　　　　　　　　　　　　　　　编制：　　　　　　　　日期：
会计期间：　　　　　　　　　　　　　　复核：　　　　　　　　日期：

索引号	投资人	期初数					本期增减数					期末数（记账本位币）		
		注册资本		已验资数		记账本位币	注册资本		已验资数		记账本位币	未审数	调整数	审定数
		币别	金额	原币	记账本位币		币别	金额	原币	记账本位币				
	涂实					600万元						600万元	0	600万元
	程为					100万元						100万元	0	100万元
	杨文					100万元						100万元	0	100万元
	孙起					100万元						100万元	0	100万元
	吴安					100万元						100万元	0	100万元
	合计					1 000万元						1 000万元		1 000万元

审计说明及调整分录：
本期注册资本没有增减变化。

审计结论：
实收资本1 000万元。

（7）公积金。

① 资本公积、盈余公积审计程序表。

资本公积、盈余公积审计程序表（表1-120）是在实施了相关的细节测试后填列，已实施的程序和已实现的目标后打"√"，不适用的程序后打"×"；工作底稿索引号为C02-1等；执行人吴立至；日期为2015年2月24日。

② 公积金审定表。

表1-121 公积金审定表

被审计单位名称：美居建材有限公司　　索引号：C02-1　　　　页次：
　　　　　　　　　　　　　　　　　　　编制：　　　　　　　　日期：
会计期间或截止日：　　　　　　　　　　复核：　　　　　　　　日期：

索引号	项目	期初数	本期增加数	本期减少数	期末未审数	调整数	审定数
	一、资本公积	0	0	0	0	0	0
	1.资本折算差额	0	0	0	0	0	0
	2.捐赠公积	0	0	0	0	0	0

续表

索引号	项目	期初数	本期增加数	本期减少数	期末未审数	调整数	审定数
	3. 拨款转入	0	0	0	0	0	0
	4. 股本（资本）溢价	0	0	0	0	0	0
	5. 接受现金捐赠	0	0	0	0	0	0
	6. 股权投资准备	0	0	0	0	0	0
	7. 其他资本公积	0	0	0	0	0	0
	二、盈余公积	500 000	100 000	0	600 000	-21 256	578 744
	1. 法定盈余公积金	500 000	100 000	0	600 000	-21 256	578 744
	2. 任意盈余公积金	0	0	0	0	0	0

审计说明及调整分录：
  法定盈余公积在编制报表时先预分配10万元，调减21 256元。借盈余公积21 256，贷未分配利润21 256。

审计结论：
  盈余公积为578 744元。

（8）未分配利润。

① 未分配利润审计程序表。

未分配利润审计程序表（表1-122）是在实施了相关的细节测试后填列，已实施的程序和已实现的目标后打"√"，不适用的程序后打"×"；工作底稿索引号为C03-1等；执行人吴立至；日期为2015年2月24日。

② 未分配利润审定表。

表1-123 未分配利润审定表

被审计单位名称：美居建材有限公司 索引号：C03-1 页次：
               编制：   日期：
会计期间或截止日：   复核：   日期：

索引号	项目	未审数/元	调整数/元	审定数/元	备注
	一、净利润	789 030	-1 590	787 440	
	加：年初未分配利润	300 000		300 000	
	减：提取法定盈余公积金	100 000	-21 256	78 744	
	二、可供分配利润	989 030		1 008 696	
	减：已分配利润	400 000		400 000	
	其中：中方股利	400 000		400 000	
	外方股利				
	三、年末未分配利润	589 030		608 696	

审计说明及调整分录：
  本例只对税前利润对未分配利润的影响进行调整，对该公司预分配的40万元股东利润的账务不做调整。因这些项目是属于期后非调整事项，待年后董事会决议后再据实调整，列入下年度当月账务之中即可。

审计结论：
  年末未分配利润确认为608 696元。

编制说明：如亏损，在净利润、未分配利润金额前用"-"号反映。

(9) 所得税。

① 所得税审计程序表。

所得税审计程序表（表1-124）是在实施了相关的细节测试后填列，在已实施的程序和已实现的目标后打"√"，不适用的程序后打"×"；工作底稿索引号为D10-1等；执行人吴立至；日期为2015年2月24日。

② 所得税审定表。

表1-125　所得税审定表

被审计单位名称：美居建材有限公司　　　索引号：D10-1　　　页次：
　　　　　　　　　　　　　　　　　　　编制：　　　　　　　日期：
会计期间或截止日：　　　　　　　　　　复核：　　　　　　　日期：

索引号	项　目	行次	未审数/元	调整数/元	审定数/元	备注
	本年利润总额	1	1 052 040	-2 120	1 049 920	
	本年应纳税务局所得额=（1-2-3-4）+（5+11）-（19+20）±（23、24、25）	26	1 052 040		1 049 920	
	适用所得税税率	27	25%		25%	
	本年应交所得税税额	28	263 010	-530	262 480	
	年初欠缴所得税	29	60 000		60 000	
	本年已预交所得税税额	30	293 010		293 010	
	本年应清缴所得税税额	31	30 000		29 470	

上表中审计说明及调整分录：应做调整分录，借记应交税费530元，贷记所得税费用530元。本年净利润为787 440元，由补提坏账准备引起。本例假设所提坏账均能抵税。审计结论：本年所得税费用为262 480元，欠交所得税29 470元。

(10) 以前年度损益调整。

以前年度损益调整审计程序表。

以前年度损益调整审计程序表（表1-126）是在实施了相关的细节测试后填列，在已实施的程序和已实现的目标后打"√"，不适用的程序后打"×"；因该公司本年不涉及以前年度损益调整，工作底稿索引号为D11，直接确认为0；执行人吴立至；日期为2015年2月24日。

1.4 实训任务4——特殊项目审计

1.4.1 关联方及关联方交易事项(吴立至)

该企业没有关联方交易事项。

1.4.2 期初余额审计(吴立至)

非首次接受委托,已与前任责任人沟通,无期初余额调整事项。

1.4.3 期后事项审计(吴立至)

资产负债表日至目前无须要特殊披露的事项和发生重大的交易事项。

1.4.4 或有事项审计(吴立至)

未发现或有事项。

1.4.5 持续经营能力审计(吴立至)

吴立至在持续经营审计程序表导引下进行审计,发现该公司面临着到期借款和支付股利的资金问题,该公司采取股利支付推迟及向银行借入短期借款、加速资金回收及存货周转等方式加以解决。不存在因此破产清算等中止经营的情况发生,持续经营不存在问题。表中除短期资金外,其他事项视同存在或相符,按有利情况填写。

(1)持续经营审计程序表。

持续经营审计程序表(表1-127)是在实施了相关的细节测试后填列,在已实施的程序和已实现的目标后打"√",不适用的程序后打"×";工作底稿索引号为E05-1等;执行人吴立至;日期为2015年2月24日。

(2)持续经营审核表。

表1-128 持续经营审核表

被审计单位名称:美居建材有限公司　　索引号:E05-1　　页次:
　　　　　　　　　　　　　　　　　　编制:　　　　　　　日期:
会计期间或截止日:　　　　　　　　　　批准:　　　　　　　日期:

事　项	是	否	事　项	是	否
一、企业的财务状况			(5)过度依赖短期借款筹资	√	
(1)资不抵债		√	(6)主要财务指标恶化		√
(2)营运资金出现负数		√	(7)发生巨额经营性亏损		√
(3)无法偿还到期债务	√		(8)存在大额逾期未付利润	√	
(4)无法偿还即将到期且无法展期的借款	√		(9)无法继续履行借款合同中的有关条款		√

续表

事项	是	否	事项	是	否
(10) 无法获得供应商正常商业信用		√	(4) 国家法规、政策变化可能造成重大影响		√
(11) 无法获得开发必要新产品或进行必要投资所需资金		√	(5) 营业期限即将到期，无意继续经营		√
(12) 存在着大量不良资产且长期未作处理		√	(6) 投资者未履行协议、合同、章程规定的义务，并有可能造成重大不利影响		√
(13) 重要子公司无法持续经营且未进行处理		√	(7) 因自然灾害、战争、不可抗力因素遭受严重损失		√
(14) 其他显示财务状况恶化的迹象		√	(8) 其他导致企业无法持续经营的迹象		√
二、经营活动情况			四、管理当局采取的措施		
(1) 关键管理人员离职，且无人替代		√	(1) 资产处置		√
(2) 主导产品不符合国家产业政策或没有市场销路，产品严重积压		√	(2) 资产借后租回		√
(3) 失去主要市场、特许权或主要供应商		√	(3) 取得担保借款	√	
(4) 人力资源或重要原材料短缺		√	(4) 实施资产重组		√
(5) 未达到预期经营目标		√	(5) 获得新的投资		√
(6) 其他导致恶化的迹象		√	(6) 削减或延缓营业开支		
三、其他情况			(7) 获得重要原材料的替代品		√
(1) 严重违反有关法律法规要求		√	(8) 开拓新的市场		√
(2) 数额巨大的或有损失		√	(9) 其他措施	√	
(3) 异常原因导致停工、停产		√			

审核结论：
  该公司面临着到期借款和支付股利的资金问题，该公司采取股利支付推迟及向银行借入短期借款、加速资金回收及存货周转等方式加以解决。不存在因破产清算等中止经营的情况发生，持续经营不存在问题。

1.4.6 获取管理当局声明书（吴立至）

管理当局声明书

索引号：X05
页次：

互申联合会计师事务所：
  一、财务报表
  ……
  二、提供的信息
  ……

1.5 实训任务5——审计复核与沟通

1.5.1 审计差异调整表(吴立至)

(1)审计差异调整表——重分类分录汇总表。

表1-129 审计差异调整表
——重分类分录汇总表

被审计单位名称:美居建材有限公司　　索引号:X01(1/3)　　页次:
　　　　　　　　　　　　　　　　　　编制:　　　　　　　　　日期:
会计期间:　　　　　　　　　　　　　　复核:　　　　　　　　　日期:

序号	索引号	调整分录及说明	资产负债表		损益(利润)表		被审单位调整情况及未调整原因
			借方	贷方	借方	贷方	
1	A04-1	应收账款明细账贷方余额转预收账款	应收账款53 000元	预收账款53 000元			已沟通同意调整
		合　计	53 000元	53 000元			

交换意见情况:
　　被审计单位代表:涂世红　　　　　　参加人员:
　　项目负责人:吴立至　　　　　　　　审计人员:王勤、李缘
　　双方签字:涂世红、吴立至　　　　　签字日期:2011年2月24日

(2)审计差异调整表——核算差错分录汇总表。

表1-130 审计差异调整表
——核算差错分录汇总表

被审计单位名称:美居建材有限公司　　索引号:X01(2/3)　　页次:
　　　　　　　　　　　　　　　　　　编制:　　　　　　　　　日期:
会计期间:　　　　　　　　　　　　　　复核:　　　　　　　　　日期:

序号	索引号	调整分录及说明	资产负债表		损益(利润)表		被审单位调整情况及未调整原因
			借方	贷方	借方	贷方	
1	A04-1、A04-2	应收账款引起的坏账准备计提		坏账准备2 120元	资产减值损失2120元		被审单位同意调整
2	D10-1	减值损失引起的所得税减少	应交税费530元			所得税530元	被审单位同意调整
3	C02-1	按10%提取盈余公积,本期应提78 744元,多提21 256元	盈余公积21 256元	未分配利润21 256元			已沟通同意调整
4	A07-1-1、A11-1	门楼转入固定资产	固定资产530 000元	长期待摊费用530 000元			已沟通同意调整
		合　计	551 786元	553 376元	2 120元	530元	

交换意见情况:
　　被审计单位代表:涂世红　　　　　　参加人员:
　　项目负责人:吴立至　　　　　　　　审计人员:王勤、李缘
　　双方签字:　　　　　　　　　　　　签字日期:2011年2月24日

（3）审计差异调整表——未调整不符事项汇总表。

表1-131　审计差异调整表
——未调整不符事项汇总表

被审计单位名称：美居建材有限公司　　　　索引号：X01（3/3）　　　　页次：
　　　　　　　　　　　　　　　　　　　　编制：　　　　　　　　　　　　日期：
会计期间：　　　　　　　　　　　　　　　复核：　　　　　　　　　　　　日期：

序号	索引号	调整分录及说明	资产类 借/(贷)	负债类 借/贷	损益类 借/贷	备注
1	B05-1	因董事会只决定预分配40万元，最终分配方案未定，其影响将减少净资产和资产。这是期后非调整事项可以不做调整。在2011年确定按当月业务处理即可。	—	—	—	
2	A04-3	企业按4%计提坏账准备符合企业会计准则规定，但税法规定应收账款期末余额的5%。允许在税前扣除，因税务局同意且影响所得税金额小，不拟考虑递延所得税负债对所得税的影响。				
		合　　计				
	未予调整的影响		金　　额		百分比	

审计结论：
　　1. 该事项为期后非调整事项。不用调整。
　　2. 综合考虑金额较小，不影响报表的公允性。

1.5.2　试算平衡表（吴立至）

（1）资产负债表试算平衡。

表1-132　资产负债调整表

编制单位：美居建材有限公司　　　　2014年12月31日　　　　　　　　　　　　单位：元

资　产	未审数	调整数	审定数	负债和所有者权益	未审数	调整数	审定数
流动资产：				流动负债：			
货币资金	600 800		600 800	短期借款	500 000		500 000
交易性金融资产	0		0	交易性金融负债	0		0
应收票据	300 000		300 000	应付票据	323 820		323 820
应收账款	2 400 000	+53 000 -2 120	2 450 880	应付账款	5 387 150		5 387 150
预付款项	0		0	预收款项	0	+53 000	53 000
应收利息	0		0	应付职工薪酬	150 000		150 000
应收股利	0		0	应交税费	30 000	-530	29 470
其他应收款	32 000		32 000	应付利息	0		
存货	8 200 000		8 200 000	应付股利	400 000		400 000

续表

资产	未审数	调整数	审定数	负债和所有者权益	未审数	调整数	审定数
1年内到期非流动资产				其他应付款	20 000		20 000
其他流动资产				1年内非流动负债	0		
流动资产合计	11 532 800		11 583 680	其他流动负债	0		
非流动资产:				流动负债合计	6 810 970		6 863 440
可出售金融资产				非流动负债:	0		
持有至到期投资				长期借款	2 732 800		2 732 800
长期应收款				应付债券	0		
长期股权投资				长期应付款	0		
投资性房地产				专项应付款	0		
固定资产	6 700 000	+530 000	7 230 000	预计负债	0		
在建工程				递延所得税负债	0		
工程物资				其他非流动负债	0		
固定资产清理				非流动负债合计	2 732 800		2 732 800
生产生物资产				负债合计	9 543 770		9 596 240
油汽资产				所有者权益:			
无形资产	1 500 000		1 500 000	实收资本	10 000 000		10 000 000
开发支出				资本公积	0		
商誉				减:库存股	0		
长期待摊费用	1 000 000	−530 000	470 000	盈余公积	600 000	−21 256	578 744
递延所得税资产				未分配利润	589 030	+21 256 −1 590	608 696
其他非流动资产				所有者权益合计	11 189 030		11 187 440
非流动资产合计	9 200 000		9 200 000				
资产总计	20 732 800		20 783 680	负债和所有者权益总计	20 732 800		20 783 680

(2)利润表试算平衡表。

表1-133 利润表试算平衡表

被审计单位名称:美居建材有限公司　　索引号:X03　　　　页次:
　　　　　　　　　　　　　　　　　　　编制:　　　　　　　　日期:
会计期间或截止日:　　　　　　　　　　批准:　　　　　　　　日期:

项目		未审数	调整金额		审定数	索引号
			借方	贷方		
一	营业收入	11 690 000			11 690 000	
	减:营业成本	8 460 000			8 460 000	

续表

项 目	未审数	调整金额 借方	调整金额 贷方	审定数	索引号
营业税金及附加	31 370			31 370	
销售费用	1 202 448			1 202 448	
管理费用	606 118			606 118	
财务费用	169 690			169 690	
资产减值损失	58 334	2 120		60 454	
加：公允价值变动损益	0			0	
投资收益	20 000			20 000	
二 营业利润	1 182 040			1 179 920	
加：营业外收入	20 000			20 000	
减：营业外支出	150 000			150 000	
三 利润总额	1 052 040			1 049 920	
减：所得税费用	263 010		−530	262 480	
四 净利润	789 030		−1 590	787 440	

注：此表将重分类调整与核算差错调整均作一样对待，也可分别对待。

1.5.3 现金流量表审计（吴立至）

（1）现金流量表复核。

表1-134 现金流量表复核表

编制单位：美居建材有限公司（盖章）　　　2014年12月

项 目	本期金额/元	上期金额
一、经营活动产生的现金流量：		
销售商品、提供劳务收到的现金	12 496 966	收入与销项税13 677 300、应收、预付（期初1 651 666-期末2 832 000）-1 180 334
收到的税费返还		
收到其他与经营活动有关的现金	20 000	没收押金20000
经营活动现金流入小计	12 516 966	
购买商品、接受劳务支付的现金	10 232 630	销售成本846万，进项税1 673 600、存货（期初-期末）1 350 000、应付预收（期初4 630 000-期末5 880 970）-1 250 970
支付给职工以及为职工支付的现金	846 950	销售和管理费用中分别640 250和256 700，减去应付薪酬增加50 000
支付的各项税费	709 840	见B06-1已交税费合计
支付其他与经营活动有关的现金	219 856	销售和管理费用中分别159 856、30 000、应交税费（期初-期末）30 000

续表

项　目	本期金额/元	上期金额
经营活动现金流出小计	12 009 276	
经营活动产生的现金流量净额	507 690	
二、投资活动产生的现金流量：		
收回投资收到的现金	220 000	交易性金融资产本金及收益20万及2万
取得投资收益收到的现金	0	
处置固定资产、无形资产和其他长期资产收回的现金净额	50 000	固定资产清理现金净流入5万（6万-1万）
处置子公司及其他营业单位收到的现金净额	0	
收到其他与投资活动有关的现金	0	
投资活动现金流入小计	270 000	
购建固定资产、无形资产和其他长期资产支付的现金	1 018 890	固定资产及长期待摊等长期资产100万、电子与其他设备3万，减资本化利息11 110
投资支付的现金	0	
取得子公司及其他营业单位支付的现金净额	0	
支付其他与投资活动有关的现金	0	
投资活动现金流出小计	1 018 890	
投资活动产生的现金流量净额	-748 890	
三、筹资活动产生的现金流量：		
吸收投资收到的现金	0	
取得借款收到的现金	960 000	借款短期50万+长期46万
收到其他与筹资活动有关的现金		
筹资活动现金流入小计	960 000	
偿还债务支付的现金	200 000	还短期借款20万
分配股利、利润或偿付利息支付的现金	331 000	支付利润30万、现金付息31 000
支付其他与筹资活动有关的现金	7 000	手续费及利息收入（4 480+3 610-1 090）
筹资活动现金流出小计	538 000	
筹资活动产生的现金流量净额	422 000	
四、汇率变动对现金及现金等价物的影响	0	
五、现金及现金等价物净增加额	180 800	
加：期初现金及现金等价物余额	420 000	
六、期末现金及现金等价物余额	600 800	

表1-134（续） 现金流量表附注

补充资料	本期金额	上期金额
一、将净利润调节为经营活动现金流量：		
净利润	789 030	
加：资产减值准备	58 334	
固定资产折旧、油气资产折耗、生产性资产折旧	470 000	
无形资产摊销	200 000	
长期待摊费用摊销	0	
处置固定资产、无形资产和其他长期资产的损失（收益以"-"号填列）	150 000	
固定资产报废损失（收益以"-"号填列）	0	
公允价值变动损失（收益以"-"号填列）	0	
财务费用（收益以"-"号填列）	169 690	
投资损失（收益以"-"号填列）	-20 000	
递延所得税资产减少（增加以"-"号填列）	0	
递延所得税负债增加（减少以"-"号填列）	0	
存货的减少（增加以"-"号填列）	-1 350 000	
经营性应收项目的减少（增加以"-"号填列）	-1 180 334	
经营性应付项目的增加（减少以"-"号填列）	1 250 970	
其他	-30 000	应交税费期初-期末
经营活动产生的现金流量净额	507 690	
二、不涉及现金收支的重大投资和筹资活动：		
债务转为资本	0	
1年内到期的可转换公司债券	0	
融资租入固定资产	0	
三、现金及现金等价物净增加情况：		
现金的期末余额	600 800	
减：现金的期初余额	420 000	
加：现金等价物的期末余额	0	
减：现金等价物的期初余额	0	
现金及现金等价物净增加额	180 800	

（2）现金流量表审定表。

第一步，通过分析资产负债表和利润表，确定现金流量表审计的难点和易点。分析如下：

① 该企业的现金及现金等价物即为货币资金,那么据此可以填制出正表(表1-135)中的项目五和项目六。

② 该企业可能没有外币业务,通过询问可以确定项目四。

③ 该企业的筹资业务比较单纯,该期没有增加实收资本,只有通过向银行进行短期和长期借款的方式筹资,可以先行确定其数据。

④ 该企业对外投资业务只有交易性金融资产一项,内部长期资产购置涉及固定资产、无形资产、长期待摊费用,相对较难。

⑤ 无疑,该企业经营活动业务多而复杂,作为难点对待,最后确定。

第二步,填制容易项目的数据,确定难点项目的结果。

① 项目五和项目六直接按资产负债表中的货币资金期初数和期末数分析填列,项目六为期末数600 800元,减去期初现金及现金等价物余额420 000元,即得到项目五180 800元。

② 项目四经查阅证账资料,该企业没有外币业务,直接填0。

③ 项目三"筹资活动中产生的现金流量"分现金流入量和现金流出量两部分分析填列:

"筹资活动产生的现金流入量"有3个明细项目,其中:本期没有吸收投资事项,该项为0;借款产生的现金流入量经查询,本期发生短期借款500 000元,长期借款460 000元,合计960 000元;没有收到与筹资活动相关的现金,该项为0,故筹资活动产生的现金流入量为960 000元。

"筹资活动中产生的现金流出量"有3个明细项目,其中:"偿还债务支付的现金"只有偿还期初短期借款一项200 000元;"分配股利、利润或偿付利息支付的现金"一项包括年初支付上年现金股利300 000元和现金支付银行借款利息31 000元,合计331 000元;"支付其他与筹资活动有关的现金"包括银行结算的手续费等7 000元,这样筹资活动中现金流出量合计为538 000元。

值得注意的是,本期列支的利息有预提利息和付现利息,本期预提的利息在编制本表时应剔除,因为它不涉及现金及现金等价物增减;以前预提本期支付的利息和本期付现的利息,才能列入"偿付利息支付的现金"中。本项目不能直接按"财务费用""利息支出"或资本化利息的数字填列,而应立足编制基础,直接从付现业务中找出相关付现凭据加总填列,中小企业是很容易做到的。

以其现金流入量减去现金流出量,得到项目三筹资活动中产生的现金净流量为422 000元。

④ 项目二"投资活动中产生的现金流量"分现金流入量和现金流出量两部分分析填制。

"投资活动产生的现金流入量"有5个明细项目,其中:经查该公司只有本期收回交易性金融资产本金为200 000元及收益20 000元,直接填列于"收回投资收到的现金"明细项中;经查阅"固定资产清理"账户,该公司报废1台车辆,取得保险公司赔偿的现金等共计60 000元,现金支付清理费用10 000元,相抵后净额50 000元,填列于第三个明细项目中。值得注意的是,这里只能填清理过程中的现金收入与清理过程中的现金支出之差,而不能按清理净损失填列或其他数字填列;由于该企业没有子公司或其他联营公司,也没进行其他投资活动产生的现金流入,最后两个明细项目均列为0。这样投资活动产生的现金流入量合计数为270 000元。

"投资活动产生的现金流出量"有4个明细项目,其中:该企业固定资产及长期待摊资产等长期资产100万元、购置电子与其他设备3万元,减资本化利息增加的固定资产价值11 110元,本期没有购置无形资产,故"购建固定资产、无形资产和其他长期资产支付的现金"明细项目中填列1 018 890元;该企业没有发生其他3个明细项目的相关业务,故均填列0。这样投资活动中产生的现金流出量即为1 018 890元。

以其现金流入量减去现金流出量,得到项目二"投资活动中产生的现金净流量"为-748 890元。

⑤ 项目一"经营活动中产生的现金流量"。该项目的结果,即"经营活动中产生的现金流量净额",可以利用项目一至项目四的并列关系及其与项目五的关系推算出来:项目一的金额=项目五的金额-项目二至四的金额=180 800-0-422 000-(-748 890)=507 690(元)。然后逐一分析经营活动中的现金流入量和现金流出量的明细项目,检查结果是否相符。

"经营活动产生的现金流入量"有三个明细项目,其中:"销售商品、提供劳务收到的现金"包括收入与销项税13 677 300元,应收账款(期初1 000 000-期末2 450 880)-1 450 880元,应收票据期初减期末-200 000元,预收账款期末减期初-947 000元,当期计提坏账准备-60 454元,合计11 018 966元。该企业没有收到税费返还,该明细项目列报0;该企业其他应收款没有计提坏账准备,期初减期末为-22 000元,列报于"收到其他与经营活动有关的现金"项目。上述3个项目列报数字相加即得10 996 966元。

"经营活动产生的现金流出量"有4个明细项目,其中:"购买商品、接受劳务支付的现金"包括销售成本8 460 000元,进项税1 673 600元、存货(期末-期初)1 350 000元、应付账款年初减年末-1 987 150元,应付票据年初减年末-223 820元,预付账款年末减年初-500 000元,合计8 772 630元。此项不应包括短期借款、应付利息、应付股利、应交税费、应付职工薪酬、其他应付款等项,因为前3项属于筹资和投资范畴,后3项将列示于后面的项目中。"支付给职工以及为职工支付的现金"一项,查阅工资应发数896 950元,加应付职工薪酬项目的期初数减期末数-50 000元,列报数为846 950元;"支付的各项税费"包括营业税金及附加31 370元,已交增值税313 700元,所得税262 480元,应交所得税期初减期末30 530元,支付的其他各项税费51 760元,合计689 840元。"支付其他与经营活动有关的现金"包括其他销售费用159 856元,其他管理费用30 000元,其他应付款期初减期末10 000元,没收押金收入-20 000元,合计179 856元。以上4个明细项目合计10 489 276元。

以其现金流入量减去现金流出量,得到项目一"经营活动中产生的现金净流量"为507 690元。与前面推算的结果一致,可以认为现金流量表正表编制出来了。

以上结果见现金流量表(表1-134)正表。

第三步,填制现金流量表附注。

附注采用间接法编制,其中第一项"将净利润调节为经营活动现金流量"在填制完成各项后的结果应与正表项目一的结果核对相符。具体填制如下:

① 净利润。按利润表上净利润填写,为787 440元。
② 资产减值损失、固定资产折旧、无形资产摊销、处置固定资产净损失等项均为不付

现费用，直接从坏账准备（本例假设除应收账款计提了准备之外，其他资产未计提准备）、累计折旧、累计摊销及固定资产清理等账户中查找相关数据，分别为60 454元、470 000元、200 000元和150 000元。

③ 财务费用直接按利润表填列，为169 690元。

④ 投资损失按本期出售交易性金融资产收益列报为-20 000元。

⑤ 存货的减少按存货的期初数减期末数填写为-1 350 000元。

⑥ 经营性应收项目的减少包括资产负债表中应收票据、应收账款、预付账款、其他应收款等项目的期初合计数减期末合计数，再减去本期计提的坏账准备数填列为-1 233 334元。本项目不能包括应收利息和应收股利两项目，它们属投资业务范畴。

⑦ 经营性应付项目的增加包括资产负债表中应付票据、应付账款、预收账款、应付职工薪酬、应交税费、其他应付款等项目的期末合计数减期初合计数填列为1 273 440元。因短期借款、交易性金融负债、应付股利属筹资范畴，故这3个项目的数据不应包括在内。

本例中除上列项目外，附表中的其他项目无发生额，均为0。那么经营活动中产生的现金净流量即为上述7项所列数据之和507 690元，与正表项目一填列数据核对相符。

上述结果详见现金流量表附注［表1-135（续）］。

表1-135同表1-145。

1.5.4　所有者权益变动表审计（吴立至）

（1）按该公司未审表编制所有者权益变动表。

表1-136　所有者权益变动表　　　　　　　企会04表

编制单位：美居建材有限公司　　2014年度　　　　单位：元

项目	本年金额						上年金额					
	实收资本	资本公积	减库存股	盈余公积	未分配利润	所有者权益合计	实收资本	资本公积	减库存股	盈余公积	未分配利润	所有者权益合计
一、上年末余额	10 000 000			500 000	300 000	10 800 000						
二、本年初余额	10 000 000			500 000	300 000	10 800 000						
（一）净利润					789 030	789 030						
上述（一）和（二）小计					789 030	789 030						
1. 提取盈余公积				100 000	-100 000	0						
2. 对所有者或股东分配					-400 000	-400 000						
四、本年末余额	10 000 000			600 000	589 030	11 189 030						

（2）所有者权益变动表审定表。

表1-137 所有者权益变动表审定表

编制单位：美居建材有限公司　　　　　　2014年度　　　　　　　　　　　　单位：元

项 目	本年金额					上年金额					
	实收资本	资本公积	减库存股	盈余公积	未分配利润	所有者权益合计	实收资本	资本公积	减库存股	盈余公积	未分配利润	所有者权益合计
一、上年末余额	10 000 000			500 000	300 000	10 800 000						
二、本年初余额	10 000 000			500 000	300 000	10 800 000						
（一）净利润					787 440	787 440						
上述（一）和（二）小计					787 440	787 440						
1. 提取盈余公积				78 744	-78 744	0						
2. 对所有者或股东分配					-400 000	-400 000						
四、本年末余额	10 000 000			578 744	608 696	11 187 440						

1.5.5 重要审计事项完成核对表（吴立至）

重要审计事项完成核对表（表1-138）由项目负责人填列，已完成审计的项目在完成栏打"√"，未完成的项目在"未完成"栏打"√"，在"说明"栏说明原因。

1.5.6 二级和三级复核（孙望、涂定康）

孙望与涂定康按照二级和三级复核的导引表进行了复核，对已执行的程序均填写已执行，对复核内容均评定为合格，并同意出具标准无保留意见审计报告。

1. 二级复核（孙望）

（1）（二级）复核程序表。

部门经理的质量控制（二级）复核程序表（表1-139）由其他项目负责人孙望负责在完成二级复核的同时填写。在已实施复核的程序和已实现的复核目标处打"√"，不适用的打"×"；编制人为孙望；日期为2011年2月25日。

（2）（二级）复核记录。

表1-140　部门经理质量控制（二级）复核记录

客户：美居建材有限公司　　　　编制人：　　　　日期：　　　　　　　　索引号：GL12-1
审计期间：　　　　　　　　　　复核人：孙望　　日期：2011年2月25日　　页次：

索引号	复核要点	项目负责人执行结果	复核人意见
（略）	总体策略与具体计划	符合本所要求	合格
（略）	存货与成本测试与审计	根据被审单位情况，自行设计底稿，质量很好	合格
（略）	调整事项	调整事项及其沟通、调整正确，沟通到位	合格
（略）	试算平衡表	正确	合格
（略）	应获取资料	已获取	合格
（略）	分析表	符合要求	合格
（略）	重要交易事项	已进行了解	合格

2．三级复核工作底稿（涂定康）

（1）三级复核工作底稿。

三级复核工作底稿（表1-141）由主任会计师负责在完成三级复核的同时填写。在已实施复核的程序和已实现的复核目标处打"√"，不适用的打"×"；编制人为涂定康；日期为2011年2月26日。

（2）三级复核记录。

表1-142　三级复核记录

客户：美居建材有限公司　　　　签名：涂定康　　日期：2011年2月25日　　索引号：GL11-1
审计期间：　　　　　　　　　　编制人：　　　　　页次：

索引号	复核要点	执行结果	复核意见
（略）	重大事项报告及处理	已对调整事项和重要交易事项汇报	合格
（略）	被审单位情况及会计政策	已完成	合格
（略）	风险的评价	比较合理	合格
（略）	所采取审计程序的恰当性	恰当	合格
（略）	拟出报告的类型及草稿	标准无保留意见报告	同意

1.6 实训任务6——出具审计报告

1.6.1 出具审计报告（吴立至）

1. 审计报告正文

审 计 报 告

×互审字（2011）第18号

美居建材有限公司全体股东：

一、管理层对财务报表的责任

这种责任包括：

(1) 按照企业会计准则的规定编制财务报表，并使其实现公允反映。

(2) 设计、执行和维护必要的内部控制，以使财务报表不存在由于舞弊或错误导致的重大错报。

二、注册会计师的责任

我们的责任是在实施审计工作的基础上对财务报表发表审计意见。我们按照中国注册会计师审计准则的规定执行了审计工作。中国注册会计师审计准则要求我们遵守职业道德规范，计划和实施审计工作以对财务报表是否不存在重大错报获取合理保证。

……

我们相信，我们获取的审计证据是充分、适当的，为发表审计意见提供了基础。

三、审计意见

我们认为，贵公司财务报表在所有重大方面已经按照企业会计准则的规定编制，公允反映了贵公司2014年12月31日的财务状况以及2014年度的经营成果和现金流量。

会计师事务所（盖章）　　　　　　　　　　主任会计师：涂定康

　　　　　　　　　　　　　　　　　　　　中国注册会计师：吴立至

中国××市　　　　　　　　　　　　　　　2015年2月25日

---

2. 后附会计报表

（1）资产负债表。

表1-143　资产负债表

会企01表

编制单位：美居建材有限公司（盖章）　　2014年12月31日　　　　　　单位：元

资　产	期末余额	年初余额	负债和所有者权益	期末余额	年初余额
流动资产：			流动负债：		
货币资金	600 800	420 000	短期借款	500 000	200 000
交易性金融资产	0	200 000	交易性金融负债	0	0
应收票据	300 000	100 000	应付票据	323 820	100 000

续表

资　产	期末余额	年初余额	负债和所有者权益	期末余额	年初余额
应收账款	2 450 880	1 000 000	应付账款	5 387 150	3 400 000
预付款项	0	500 000	预收款项	53 000	1 000 000
应收利息	0	0	应付职工薪酬	150 000	100 000
应收股利	0	0	应交税费	29 470	60 000
其他应收款	32 000	10 000	应付利息	0	0
存货	8 200 000	6 850 000	应付股利	400 000	300 000
1年内到期非流动资产	0	0	其他应付款	20 000	30 000
其他流动资产	0	0	1年内到期非流动负债	0	0
流动资产合计	11 583 680	9 080 000	其他流动负债	0	0
非流动资产：			流动负债合计	6 863 440	5 190 000
可供出售金融资产	0	0	非流动负债：		
持有至到期投资	0	0	长期借款	2 732 800	2 130 000
长期应收款	0	0	应付债券	0	0
长期股权投资	0	0	长期应付款	0	0
投资性房地产	0	0	专项应付款	0	0
固定资产	7 230 000	7 340 000	预计负债	0	0
在建工程	0	0	递延所得税负债	0	0
工程物资	0	0	其他非流动负债	0	0
固定资产清理	0	0	非流动负债合计	2 732 800	2 130 000
生产性生物资产	0	0	负债合计	9 596 240	7 320 000
油汽资产	0	0	所有者权益：		
无形资产	1 500 000	1 700 000	实收资本	10 000 000	10 000 000
开发支出	0	0	资本公积	0	0
商誉	0	0	减：库存股	0	0
长期待摊费用	470 000	0	盈余公积	578 744	500 000
递延所得税资产	0	0	未分配利润	608 690	300 000
其他非流动资产	0	0	所有者权益合计	11 187 440	10 800 000
非流动资产合计	9 200 000	9 040 000			
资产总计	20 783 680	18 120 000	负债和所有者权益总计	20 783 680	18 120 000

主任注册会计师：涂定康（签章）　　　　　中国注册会计师：吴立至（签章）

（2）利润表。

表1-144　利润表　　　　　　　　　　　　　　　　　　　企会02表

编制单位：美居建材有限公司（盖章）　　2014年12月　　　　　　　　　　　　单位：元

项　目	本期金额	上期金额
一、营业收入	11 690 000	10 560 000
减：营业成本	8 460 000	7 926 000
营业税金及附加	31 370	29 240
销售费用	1 202 448	968 004
管理费用	606 118	514 330
财务费用	169 690	131 200
资产减值损失	60 454	41 666
加：公允价值变动收益（损失以"-"号填列）	0	0
投资收益（损失以"-"号填列）	20 000	0
其中：对联营企业和合营企业投资收益	0	0
二、营业利润（亏损以"-"号填列）	1 179 920	949 560
加：营业外收入	20 000	0
减：营业外支出	150 000	0
其中：非流动资产处置损失	150 000	0
三、利润总额（亏损总额以"-"号填列）	1 049 920	949 560
减：所得税费用	262 480	237 390
四、净利润（净亏损以"-"号填列）	787 440	712 170

主任注册会计师：涂定康（签章）　　　　　　中国注册会计师：吴立至（签章）

（3）现金流量表。

表1-145　现金流量表　　　　　　　　　　　　　　　　　会企03表

编制单位：美居建材有限公司（盖章）　　2014年12月　　　　　　　　　　　　单位：元

项　目	本期金额	上期金额
一、经营活动产生的现金流量：		
销售商品、提供劳务收到的现金	11 018 966	
收到的税费返还	0	
收到其他与经营活动有关的现金	-22 000	
经营活动现金流入小计	10 996 966	
购买商品、接受劳务支付的现金	8 772 630	

续表

项　目	本期金额	上期金额
支付给职工以及为职工支付的现金	846 950	
支付的各项税费	689 840	
支付其他与经营活动有关的现金	179 856	
经营活动现金流出小计	10 489 276	
经营活动产生的现金流量净额	507 690	
二、投资活动产生的现金流量：		
收回投资收到的现金	220 000	
取得投资收益收到的现金		
处置固定资产、无形资产和其他长期资产收回的现金净额	50 000	
处置子公司及其他营业单位收到的现金净额	0	
收到其他与投资活动有关的现金	0	
投资活动现金流入小计	270 000	
购建固定资产、无形资产和其他长期资产支付的现金	1 018 890	
投资支付的现金	0	
取得子公司及其他营业单位支付的现金净额	0	
支付其他与投资活动有关的现金	0	
投资活动现金流出小计	1 018 890	
投资活动产生的现金流量净额	-748 890	
三、筹资活动产生的现金流量：		
吸收投资收到的现金	0	
取得借款收到的现金	960 000	
收到其他与筹资活动有关的现金	0	
筹资活动现金流入小计	960 000	
偿还债务支付的现金	200 000	
分配股利、利润或偿付利息支付的现金	331 000	
支付其他与筹资活动有关的现金	7 000	
筹资活动现金流出小计	538 000	
筹资活动产生的现金流量净额	422 000	
四、汇率变动对现金及现金等价物的影响	0	
五、现金及现金等价物净增加额	180 800	
加：期初现金及现金等价物余额	420 000	
六、期末现金及现金等价物余额	600 800	

表1-145（续） 现金流量表附注

补充资料	本期金额	上期金额
一、将净利润调节为经营活动现金流量：		
净利润	787 440	
加：资产减值准备	60 454	
固定资产折旧、油气资产折耗、生产性资产折旧	470 000	
无形资产摊销	200 000	
长期待摊费用摊销	0	
处置固定资产、无形资产和其他长期资产的损失（收益以"-"号填列）	150 000	
固定资产报废损失（收益以"-"号填列）	0	
公允价值变动损失（收益以"-"号填列）	0	
财务费用（收益以"-"号填列）	169 690	
投资损失（收益以"-"号填列）	-20 000	
递延所得税资产减少（增加以"-"号填列）	0	
递延所得税负债增加（减少以"-"号填列）	0	
存货的减少（增加以"-"号填列）	-1 350 000	
经营性应收项目的减少（增加以"-"号填列）	-1 233 334	
经营性应付项目的增加（减少以"-"号填列）	1 273 440	
其他	0	
经营活动产生的现金流量净额	507 690	
二、不涉及现金收支的重大投资和筹资活动：		
债务转为资本	0	
1年内到期的可转换公司债券	0	
融资租入固定资产	0	
三、现金及现金等价物净增加情况：		
现金的期末余额	600 800	
减：现金的期初余额	420 000	
加：现金等价物的期末余额	0	
减：现金等价物的期初余额	0	
现金及现金等价物净增加额	180 800	

主任注册会计师：涂定康（签章）　　　　　中国注册会计师：吴立至（签章）

（4）所有者权益变动表。

表1-146　所有者权益变动表　　　　　　　　　　　　企会04表

编制单位：美居建材有限公司（盖章）　　　2014年度　　　　　　　　　单位：元

项　目	本年金额						上年金额					
	实收资本	资本公积	减库存股	盈余公积	未分配利润	所有者权益合计	实收资本	资本公积	减库存股	盈余公积	未分配利润	所有者权益合计
一、上年末余额	10 000 000			500 000	300 000	10 800 000						
加：会计政策变更												
前期差错更正												
二、本年初余额	10 000 000			500 000	300 000	10 800 000						
三、本年增减变动金额（减用"-"号）												
（一）净利润					787 440	787 440						
（二）直接计入所有者权益的利得、损失												
1. …												
2. …												
上述（一）和（二）小计					787 440	787 440						
（三）所有者投入、减少资本												
1. 所有者投入资本												
2. 股份支付计入所有者权益的金额												
3. 其他												
（四）利润分配												
1. 提取盈余公积				78 744	-78 744	0						
2. 对所有者或股东分配					-400 000	-400 000						
3. 其他												
（五）所有者权益内部结转												
1. 资本公积转增资本												
2. 盈余公积转增资本												
3. 盈余公积弥补亏损												
4. 其他												
四、本年末余额	10 000 000			578 744	608 696	11 187 440						

主任注册会计师：涂定康（签章）　　　　　　中国注册会计师：吴立至（签章）

3. 会计报表附注

会计报表附注
(公司盖章)

一、公司的一般情况及业务活动
……

二、会计报表编制基准
……

三、主要会计政策
……

四、主要税项
……

五、本单位重要财务指标
速动比率=速动资产/流动负债=0.49
流动比率=流动资产/流动负债=1.69
资产负债率=负债/资产=0.46
存货周转率=成本/平均存货=1.12
应收账款周转率=收入/平均应收款=6.58
收入利润率=净利润/收入=6.7%
已获利息倍数=息税前利润/利息费用=7.19

六、本单位重要业务情况说明
……

七、其他重大事项说明
……

3．长期借款
本公司长期借款均为抵押贷款，共计本息273.28万元。

4．现金流量情况
本公司本年经营活动产生的现金净流入量为507 690元，投资活动产生的现金净流入量为-748 890元，筹资活动产生的净现金流入量为422 000元。

5．所有者权益变动情况
本公司所有者权益合计为11 187 440元。本年增加387 440元。该金额扣除了本年预分配利润40万元。

2014年12月31日

1.7 实训任务7——整理审计底稿

请按底稿目录顺序整理审计工作底稿，标明索引号，取得的复印件按其从属的索引号归并，也可按业务循环顺序整理。自行设计的底稿补到目录中。此项工作由王勤整理，交内勤人员验收。

附录2

验资业务实训参考答案

2.2.1 首次出资验资业务实训

1. 了解出资人拟设公司情况

表2-1 被审验单位基本情况表　　　索引号：

编制人员：吴立至	日期：2015年9月14日	复核人员：	日期：	页次：		
被审验单位名称	豪情服装有限公司（筹）					
住　　所	（略）					
联系电话	（略）	传　真	（略）	邮政编码	（略）	
电子信箱	（略）					
公司类型	中外合营企业					
法定代表人	（略）	经营期限		10年		
经营范围	（略）					
审批机关及文号	对外经济贸易合作部门的批准文件×字〔2015〕××号、中华人民共和国企业法人营业执照					
董事长	（略）	总经理	（略）	委托代理人	（略）	

续表

开户银行及账号	(略)					
出资者名称	认缴（认购）的注册资本			实收资本		
	出资方式	出资金额	出资比例	出资方式	出资金额	出资比例
立豪有限公司	现金	2 400 000元	60%	现金	2 400 000元	60%
香港立情有限公司	现金	1 600 000元	40%	现金	1 600 000元	40%
合　计	现金	4 000 000元	100%	现金	4 000 000元	100%
备　注						

2. 验资业务约定书

验资业务约定书

甲方：豪情服装有限公司（筹）

乙方：××会计师事务所

兹由甲方委托乙方对甲方截至2015年9月18日止注册资本的实收情况进行审验。经双方协商，达成以下约定。

一、业务范围与委托目的

1. 乙方接受甲方委托，对甲方截至2015年9月18日止的出资者、出资币种、出资金额、出资时间、出资方式和出资比例等进行审验，并出具验资报告。

2. 甲方委托乙方验资的目的是为验证资本实收情况及向出资者签发出资证明。

二、甲方的责任

1. 确保出资者按照法律法规及协议、章程的要求出资。

2. 提供真实、合法、完整的验资资料。

3. 保护资产的安全、完整。

4. 及时为乙方的验资工作提供其所要求的全部资料和其他有关资料（在2015年9月18日之前提供验资所需的全部资料），并保证所提供资料的真实性、合法性和完整性，并将所有对审验结论产生影响的事项如实告知乙方。

5. 确保乙方不受限制地接触任何与验资有关的记录、文件和所需的其他信息。

6. 甲方对其作出的与验资有关的声明予以书面确认。

7. 为乙方派出的有关工作人员提供必要的工作条件和协助，主要事项将由乙方于验资工作开始前提供清单。

8. 按本约定书的约定及时足额支付验资费用以及乙方人员在验资期间的交通、食宿和其他相关费用。

三、乙方的责任

1. 乙方的责任是在实施审验程序的基础上出具验资报告。乙方按照《中国注册会计师审计准则第1602号——验资》（以下简称验资准则）的规定进行验资。验资准则要求注册会计师遵守职业道德规范，计划和实施验资工作，以对甲方注册资本的实收情况进行审验，并出具验资报告。

2．乙方的验资不能减轻甲方的责任。

3．按照约定时间完成验资工作，出具验资报告。乙方应于2015年9月20日前出具验资报告。

4．除下列情况外，乙方应当对执行业务过程中知悉的甲方信息予以保密：①取得甲方的授权；②根据法律法规的规定，为法律诉讼准备文件或提供证据，以及向监管机构报告发现的违反法规行为；③接受行业协会和监管机构依法进行的质量检查；④监管机构对乙方进行行政处罚（包括监管机构处罚前的调查、听证）以及乙方对此提起行政复议。

四、验资收费

1．本次验资服务的收费是以乙方各级别工作人员在本次工作中所耗费的时间为基础计算的，预计本次验资服务的费用总额为人民币4 000元。

2．甲方应于本约定书签署之日起2日内支付50%的验资费用，其余款项于验资报告草稿完成日结清。

3．如果由于无法预见的原因，致使乙方从事本约定书所涉及的验资服务实际时间较本约定书签订时预计的时间有明显的增加或减少时，甲、乙双方应通过协商，相应调整本约定书第四条第1项下所述的验资费用。

4．如果由于无法预见的原因，致使乙方人员抵达甲方的工作现场后，本约定书所涉及的验资服务不再进行，甲方不得要求退还预付的验资费用；如上述情况发生于乙方人员完成现场验资工作，并离开甲方的工作现场之后，甲方应另行向乙方支付人民币500元的补偿费，该补偿费应于甲方收到乙方的收款通知之日起15日内支付。

5．与本次验资有关的其他费用（包括交通费、食宿费）由甲方承担。

五、验资报告和验资报告的使用

1．乙方按照《〈中国注册会计师审计准则第1602号——验资〉指南》规定的格式出具验资报告。

2．乙方向甲方致送验资报告一式两份，供甲方向公司登记机关申请设立登记及向出资者签发出资证明时使用。

3．甲方在提交或对外公布验资报告时，不得修改乙方出具的验资报告正文及附件。

4．验资报告不应被视为对甲方验资报告日后资本保全、偿债能力和持续经营能力等的保证。甲方及其他第三方因使用验资报告不当造成的后果，乙方不承担任何责任。

六、本约定书的有效期间

本约定书自签署之日起生效，并在双方履行完毕本约定书的所有义务后终止。但其中第三（2）、四、五、八、九、十项并不因本约定书终止而失效。

七、约定事项的变更

如果出现不可预见的情况影响验资工作如期完成，或需提前出具验资报告时，甲、乙双方均可要求变更约定事项，但应及时通知对方，并由双方协商解决。

八、终止条款

1．如果根据乙方的职业道德及其他有关专业职责、适用的法律法规或其他任何法定的要求，乙方认为已不适宜继续为甲方提供本约定书约定的验资服务时，乙方可以采取向甲方提出合理通知的方式终止履行本约定书。

2．在终止业务约定的情况下，乙方有权就其于本约定书终止之日前对约定的验资服务项目所做的工作收取合理的验资费用。

九、违约责任

甲、乙双方按照《中华人民共和国合同法》的规定承担违约责任。

十、适用法律和争议解决

本约定书的所有方面均适用中华人民共和国法律进行解释并受其约束。本约定书履行地为乙方出具验资报告所在地，因本约定书所引起的或与本约定书有关的任何纠纷或争议（包括关于本约定书条款的存在、效力或终止，或无效之后果），双方选择第1种解决方式：

1. 向有管辖权的人民法院提起诉讼。
2. 提交××仲裁委员会仲裁。
十一、双方对其他有关事项的约定
本约定书一式两份，甲、乙各执一份，具有同等法律效力。

甲方：豪情服装有限公司（筹）　　　××会计师事务所
授权代表：（签名并盖章）孙红　　　授权代表：吴立至
2015年9月14日　　　　　　　　　　2015年9月14日

3. 制订验资计划（简单安排）

总体验资计划

被审验单位名称			豪情服装有限公司				
以往的审计或验资情况							
事务所名称	审计年度或验资时间	报告文号	审验金额	事务所名称	评估时间	年度	报告文号
验资类型		设立首期验资		委托目的		成立合资公司	
审验范围		见约定书		验资重点		货币出资到位	
验资风险评估		中		收费预算		4 000元	
签字注册会计师		吴立至		助理人员		小王	
对专家工作的利用							
工作项目		时间预算		执行人员	执行日期		底稿索引
了解被审验单位基本情况		0.5天		吴立至	2015年9月14日		
签订验资业务委托书		0.5天		吴立至	2015年9月14日		
货币出资审验		4天		吴立至及小王	2015年9月15日—2015年9月18日		
实物出资审验							
……							
复核		0.5天		部门经理	2015年9月18日		
撰写验资报告		1天		吴立至	2015年9月19日		
重要事项说明							

4. 列出第一期验资的审验清单

（1）被审验单位情况。

（2）验资计划。

（3）业务约定书。

（4）两位股东的营业执照，审验出资人资格。

（5）出资人协议、章程。了解出资是否符合中外合营企业的有关规定，审查出资比例、出资方式，决定验资方式。

（6）收集和审核中华人民共和国企业法人营业执照和中外合资企业设立批准文件。审验所设立公司的注册地、办公地址、经营范围等。

（7）指导开设外币账户，收集香港立情有限公司缴存注册资本的有关资料，包括缴存注册资本的转账凭单、缴存款后的对账单，办理银行询证函事宜。其中：

银行询证函

编号：××

××（银行）：

本公司（筹）聘请的××会计师事务所正在对本公司（筹）的注册资本实收情况进行审验。按照国家有关法规的规定和中国注册会计师审计准则的要求，应当询证本公司（筹）出资者（股东）向贵行缴存的出资额。下列数据及事项如与贵行记录相符，请在本函下端"数据及事项证明无误"处签章证明；如有不符，请在"列明不符事项"处列明不符事项。有关询证费用200元以人民币现金支付。回函请直接寄至××会计师事务所。

通信地址：（略）

邮编：　　　　电话：　　　　传真：　　　　联系人：孙红

截至2015年9月18日止，本公司（筹）出资者（股东）缴入的出资额列示如下：

缴款人	缴入日期	银行账号	币　种	金　额	款项用途	备　注
香港立情有限公司	2015年9月18日	（略）	港币	1 250 000元	出资	
			港币	1 250 000元	出资	
合计金额（大写）			港币壹佰贰拾伍万元整			

豪情服装有限公司（筹）

法定代表或委托代理人：（签名并盖章）孙红　　　　2015年9月18日

结论：

1．数据及事项证明无误。

2015年9月18日　　　　经办人：（略）　　　　银行盖章：（略）

2．如果不符，请列明不符事项。

　　年　月　日　　　　　　　经办人：　　　　　银行盖章：

（8）获取验资声明书。

（9）委托方签收单。

（10）甲、乙双方共同委派孙红办理验资业务的委托书。

（11）验资报告草稿。

5. 第一期验资报告

验 资 报 告

×互验字（2015）××号

豪情服装有限公司：

　　我们接受委托，审验了贵公司截至2015年9月18日止申请设立登记的注册资本首次实收情况。按照法律法规以及协议、章程的要求出资，提供真实、合法、完整的验资资料，保护资产的安全、完整是全体股东及贵公司的责任。我们的责任是对贵公司注册资本的首次实收情况发表审验意见。我们的审验是依据《中国注册会计师审计准则　第1602号——验资》进行的。在审验过程中，我们结合贵公司的实际情况，实施了检查等必要的审验程序。

　　根据协议、章程的规定，贵公司申请登记的注册资本为人民币400万元，由全体股东分两期于2015年11月18日之前缴足。本次出资为首次出资，出资额为人民币120万元，应由香港立情有限公司于2015年9月18日之前缴纳。经我们审验，截至2015年9月18日止，贵公司已收到香港立情有限公司首次缴纳的实收资本港币125万元，按当日汇率折合为人民币壹佰贰拾万陆仟贰佰伍拾元。香港立情有限公司以货币出资1 206 250元。

　　本验资报告供贵公司申请设立登记及据以向全体股东签发出资证明时使用，不应被视为是对贵公司验资报告日后资本保全、偿债能力和持续经营能力等的保证。因使用不当造成的后果，与执行本验资业务的注册会计师及本会计师事务所无关。

附件：1. 本期注册资本实收情况明细表
　　　2. 验资事项说明

　　　　××会计师事务所（盖章）　　　　　主任会计师：（签名并盖章）
　　　　　　　　　　　　　　　　　　　　　中国注册会计师：吴立至（盖章）
　　　中国××　　　　　　　　　　　　　　2015年9月19日

附件1

表2-2　本期注册资本实收情况明细表

截至　　年　月　日止

被审验单位名称：　　　　　　　　　　　　　　　　　　　　　　　　货币单位：

股东名称	认缴注册资本		本期认缴注册资本		本期实际出资情况						其中：货币资金	
	金额	出资比例	金额	占注册资本总额比例	货币	实物	知识产权	土地	其他	合计	金额	占注册资本总额比例
香港立情有限公司	1 600 000元	40%	1 206 250元	30.15%	1 206 250元					1 206 250元	1 206 250元	30.15%

附件1

表2-3 本期注册资本实收情况明细表

截至2015年11月18日止

公司名称：豪情服装有限公司　　　　　注册资本币种：人民币　　　　　货币单位：元

股东名称	本期认缴注册资本金额	本期认缴注册资本					其中：实缴注册资本	
		货币		实物		合计（人民币）	金额	占本期认缴注册资本
		原币金额	按注册资本币种折算金额	原币金额	按注册资本币种折算金额			
立豪有限公司	2 400 000元	2 400 0000元		0	0	24 000 000元	2 400 000元	60%
香港立情有限公司	393 750元	414 500港元	393 775	0	0	393 750元	393 750元	9.85%
合　计	2 793 750元			0	0	2 793 750元	2 793 750元	69.85%

注：乙方外币出资差额25元，双方协议规定，列作资本公积。

编制单位：××会计师所（章）　　　　　　　中国注册会计师：吴立至（签章）

附件2

表2-4 累计注册资本实收情况明细表

截至2015年11月18日止

公司名称：豪情服装有限公司　　　　　注册资本币种：人民币　　　　　货币单位：元

股东名称	认缴注册资本总额		前期实缴注册资本		本期实缴注册资本		累计实缴注册资本	
	金额	占注册资本总额比例/(%)	金额	占注册资本总额比例/(%)	金额	占注册资本总额比例/(%)	金额	占注册资本总额比例/(%)
立豪有限公司	2 400 000元	60	0	0	2 400 000元	60	2 400 000元	60
香港立情有限公司	1 600 000元	40	1 206 250元	30.15	393 750元	9.85	1 600 000元	40
合　计	4 000 000元	100	1 206 250元	30.15	2 793 750元	69.85	4 000 000元	100

审验单位：××会计师事务所（章）　　　　　　　中国注册会计师：吴立至（签章）

附件3

验资事项说明

一、组建及审批情况

贵公司经对外贸易经济合作部门于2015年8月18日以×字〔2015〕××号批准证书批准,由甲、乙方共同出资组建,于2015年8月20日取得××省工商行政管理局颁发的××号《中华人民共和国企业法人营业执照》。

二、申请的注册资本及出资规定

根据协议、章程的规定,贵公司申请登记的注册资本为(人民币)400万元,由甲方、乙方以货币资金缴足,其中:甲方注册资本应在公司法人营业执照签发之日起3个月内汇入合资公司基本账户240万元人民币,乙方认缴注册资本人民币等值外汇现金160万元(按缴款当日中国人民银行公布的外汇基准汇率折算)应分两期汇入。

三、审验结果

截至2015年11月18日止,贵公司已收到甲方缴纳的注册资本人民币240万元,已存入贵公司的基本户中国工商银行××分行××账户,占注册资本的60%;乙方本期缴纳的注册资本为人民币393 750元,占注册资本的9.85%,已由乙方于2015年11月18日汇入贵公司中国银行××分行××账户。乙方连同第一期出资,合计折合人民币160万元,截至2015年11月18日已出资到位。

四、其他事项

1. 本验资报告供申请设立登记及据以向出资者签发出资证明时使用,不应将其视为对豪情服装有限公司日后资本保全、偿债能力和持续经营能力等的保证,因使用不当所造成的后果,与执行验资业务的注册会计师及其所在的会计师事务有限公司无关。

2. 企业第一期注册资本的实收情况已作出相关会计处理,尚未对本期注册资本的实收情况作出相关会计处理。

3. 根据《中华人民共和国刑法》的有关规定,注册资本一经注册不得抽逃、转移,并必须严格执行注册资本年检规定。

2015年11月20日